スポーツの思想

菊本 智之 編著
前林 清和・上谷 聡子 著

晃洋書房

はしがき

　人類の祖先がこの地球上に出現して，およそ500万年くらいの年月が経ったであろうといわれている．そして，古代文明の発生につながる世界最古の農耕集落の遺跡は，現在明らかにされているものは7000年くらい前まで遡ることができるようである．私たちの祖先たちも現代のスポーツに類似した身体活動を様々な形で行ってきたと考えられるが，現在，私たちがスポーツと呼んでいる身体運動文化の直接の前身は，そのほとんどが近代イギリス社会で生み出されたものであるといわれている．そう考えると，現代的なスポーツ文化の萌芽から，まだ，ほんの250年ほどしか経っておらず，人類の歴史からみると1/20000程度であり，人類の歴史の長さを1メートルのものさしに置き換えてみると，近代・現代スポーツの歴史は，0.05ミリメートルほどでしかない．人類史上，最後のほんの一瞬である．

　先の東京オリンピックは，1964（昭和39）年に開催された．戦後復興期の高度経済成長の勢いや社会的な発展，オリンピック初のカラーによるテレビの衛星中継なども実現させ，スポーツのみならず，社会・経済の発展，諸科学の技術革新も実現するなど，オリンピックの大成功から，国民のスポーツ観や運動に対する意識，考え方は大きく開発され，開会式の日を記念して「体育の日」（2020年より「スポーツの日」に名称変更）となった．この一大イベントは，スポーツが私たちの生活に豊かさと潤いをもたらすことを教え，さらに国や民族，人種を越えて人々が高度な文化活動を通して交流し，その価値を共有できる場として機能することを知らしめたのである．

　2021年の東京オリンピック2020でも開催前から，メディアを通じてスポーツ選手の驚くような競技成績が次々と伝わってきた．この半世紀の間のスポーツ科学の進歩や，選手のこれほど加速度的な技術の向上，高度な技術発展を誰が予想していただろう．前の大会で優勝した選手の技術は，4年後の大会時には，メダルを狙う上位選手が当然のようにマスターしてくる．かつて体操競技でウルトラCで金メダルを狙っていた時代は，あっという間に終わって，今では

鉄棒で「I 難度」の「The MIYACHI」が生まれている．「G 難度」「H 難度」で勝負しても金メダルを取れるとは限らない．100メートル走では，9秒5台が出ており，日本人選手からも9秒台が出るようになった．マラソンでは，今のところエリウド・キプチョゲの出した2時間1分39秒が世界記録であるが，2時間5分を切らないと世界のトップグループに絡むことは難しい時代に突入している．2時間を切る記録が出る日もそう遠くないかもしれない（非公認ではあるが，2019年10月12日にはウィーンの特設マラソンコースで，キプチョゲが人類で初めて2時間を切る1時間59分40秒を記録した）．加速度的に飛躍しているスポーツに応用される科学技術と選手たちの能力は，今後ますますその勢いを増していくことだろう．

　しかし，スポーツ科学の領域の学問研究，特に人文社会科学領域では，それに見合うだけの研究がまだまだ追いついていないのが現状である．これまで私たちは，1つのスポーツ概念やスポーツの本質を追究するために，科学の様々な視点から「スポーツとは何か」という課題に取り組んできた．つまり，いろいろな視点から1つの「スポーツ」の本質を探し出すために，原理論的に追究しようと試みてきたのである．しかし，ここまで多様化し，スポーツも多くの要素を複合的に有する内容となってきた現在，スポーツという人間の生み出した文化の中で，これが唯一の答えである，というものを導きだすことはほとんど難しいであろう．また，スポーツを取り巻く環境と複雑に社会と絡む様々な関係性は，枝葉を切り落としながら単一の視点で整理するという追究の仕方だけでは，現実のスポーツの実態を解明する姿勢としては不十分と言わざるを得ない．これまでの「スポーツとは何か」という1つの意味・価値観をどのように共有していくかという時代は，既に通り過ぎており，今は多様で多彩なスポーツの意味，意義，価値をどのように捉え，どのように理解していくのか，どのように社会の一部として取り入れていくのか，という時代に突入しているのである．むしろ，様々な領域で明らかにしたことをスポーツの実態とその内容として認め，適切に理解していくことが，本来的なスポーツを享受する姿勢となるような気がする．

　今やスポーツは，われわれにとって欠かすことのできない身体運動文化活動である．多くの国民がスポーツを実践し，観戦しライフワークの一部としてい

る．人間性の危機が叫ばれている一方で，今後，一層加速してスポーツが進化・発展していくであろうことが予想されるにあたり，私たちがスポーツという文化の中でどのように生きていくのか，どのように自分たちのものとしていくのか考えていかなければならない段階に来ている．幸い，私たち人間は，過去を記憶し，今を考え，未来を予測していくことができる生き物である．この機会にスポーツを歴史的事象の研究としてではなく，今生きている私たちのあり方，社会のあり方を問い，その意味内容を明らかにするために，世界規模の展開を見せる現在のスポーツが抱える様々な事象を多角的に私たち人類の問題として考えていくことは，非常に重要で意義のあることであろうと思われる．これから進むべきスポーツのあり方や道筋を示す羅針盤ともなろう．

　このような問題意識のもと，本書は敢えて『スポーツの思想』とした．スポーツについて，様々な視点から多面的に考えていこうということである．これまでに蓄積されてきた成果も踏まえつつ，現代のスポーツの直面している課題などについて取り上げ，それぞれの章（チャプター）が有機的につなげて考えられるように20の章で構成した．本書で取り上げた様々な視点から，スポーツとは何か，一緒に考えていただく端緒になれば幸甚である．また本書が多くの方々の手に渡り，それぞれの立場からスポーツを創造し，実践していくときの一助となれば，望外の喜びである．

　なお，本書の出版に際し，晃洋書房社長・植田実氏のご厚意に，心からお礼を申し上げるとともに，辛抱強く担当していただいた高砂年樹氏はじめ，編集部の皆さまには心より感謝申し上げる次第である．

2023年3月

菊 本 智 之

目　次

はしがき

Chapter 1　スポーツとは …………………………… 1

Chapter 2　近代スポーツ …………………………… 9

Chapter 3　スポーツとアマチュアリズム ………… 17

Chapter 4　スポーツマンシップ …………………… 25

Chapter 5　スポーツと人間形成 …………………… 33

Chapter 6　スポーツとルール ……………………… 41

Chapter 7　スポーツとビジネス …………………… 49

Chapter 8　スポーツとメディア …………………… 57

Chapter 9　スポーツと勝利至上主義 ……………… 65

Chapter 10　スポーツと倫理 ………………………… 73
　　　　　　──ドーピング──

Chapter 11　スポーツと心身 ………………………… 81

Chapter	12	スポーツと技術革新	89
Chapter	13	スポーツと美	97
Chapter	14	スポーツとボランティア	105
Chapter	15	スポーツと政治	113
Chapter	16	スポーツと差別	121
Chapter	17	スポーツと性 ——女性——	129
Chapter	18	スポーツと大学	137
Chapter	19	スポーツと学校	145
Chapter	20	生涯スポーツ	153

Chapter 1 スポーツとは

　私たちは，日常生活の様々なところでスポーツに接している．ほとんどの新聞では，毎日２，３面はスポーツ関係の記事で占められているし，ニュース番組でも必ずといってよいほどスポーツコーナーがある．特別にスポーツ競技に参加していなくても，多くの人がスポーツウェアやスポーツシューズを愛用し，スポーツドリンクを愛飲する社会になっている．スポーツは，もはや文化，教育，医療，マスメディア，芸術，経済だけでなく，政治や国際関係にまで入り込んだ世界規模の社会現象であり，現代人にとって最も興味，関心の高いものの１つである．しかし，このように様々な形で私たちの生活と密接に関わっているスポーツについて考えていくには，社会学をはじめ，人類学や哲学など広く様々な学問領域にも触れていかなければ明解な答えを導きだすことは難しいであろう．スポーツとは何か，という問題は，その時々の社会との関係によって，意味や考え方，価値観が変わってくるのであるから，単に歴史的な系譜をたどるだけでは，現代スポーツの本質は見えてこないだろう．文化的な生き方を可能にした人間という存在の特性を合わせて考えていくことが，スポーツの本質を明らかにする糸口となろう．

1. スポーツの本質

　スポーツは「広義の運動競技のこと．もともとは気晴らしにする遊戯をさしたが，時代の変遷とともに競争的要素の強い，技術的にも高度な運動競技をさすようになった．一般には陸上，水泳の競技，野球・テニス・サッカーなどの球技やボート・登山・狩猟・武術などの総称として用いることが多い．」（日本国語大辞典第二版第七巻，小学館）と述べられており，現在広く運動競技を指す言

葉として捉えられている．そして私たちはスポーツをするときに「ゲームをプレーする」という言い方をする．つまり，スポーツはゲーム（競争，競い合い）であり，プレー（遊び）という要素を含んだ活動であることを示している．

しかし，「競争」だけでも「遊び」だけでもスポーツにはならない．スポーツが競争的な要素をもつ前提に立てば，スポーツは遊びの領域の一部には違いないが，遊びの全てがスポーツというわけではない．このように考えるとスポーツとは「生産性を求めない遊びの要素を持ち合わせながら，ルールによって統制された競争的要素を有する，自らの自由意志で選択した身体活動」ということになる．

現在行われているスポーツのほとんどが，世界に先駆けて近代化を成し遂げたイギリスによって，その原形が作られたといわれているが，そのイギリスでも18世紀頃までは，きちんとしたルールをもった近代的なスポーツは存在しなかったといわれている．しかし，市民革命や産業革命によって社会の近代化がますます進んで民主主義社会が確立し，機会の平等や自由競争の原理を伴う能率主義や効率主義が重視されるようになると，レジャー（気晴らし）としてのスポーツ以上に，身体能力の優劣を競って勝利を最大の価値に位置づける近代社会の価値観に合うスポーツへと大きく変容していったのである．現在私たちが享受しているスポーツの最も中心的な位置を占めているものは，この近代スポーツで培われた文化的性格であり，20世紀を通してその特徴を際立たせていった．

2. スポーツの要素「競争」

人間は1万数千年くらい前から農耕を行うようになったといわれているが，農耕はそれまでの狩猟採集の生活を大きく変えた．定住に伴う土地の所有や支配の問題，また生産に余剰が出るとそこに貯蓄・財産が生じ，次にこの土地や余剰は誰のものか，などの争いのきっかけが生まれたのである．人間の場合，これらの解決方法として，集団や社会が存続するために必要な方法や約束事が決められ，儀式による分かち合いや競い合うルールが決められていくのである．「競争」（互いに同じ目的に向かって勝敗・優劣をきそい合うこと（大辞泉））というルー

ルを伴った原理を生み出したところに人間らしさがあるのである．他の動物でもボスの座を争って闘ったり，自分のテリトリーに侵入してきた相手に対し争うことは見られるが，そのための準備として目標を立て，それに向けて努力や工夫を重ねていくという行為は見られない．人間は過去を記憶し，今を考え，未来に向けて努力や工夫を重ねることができる存在である．つまり「競争」は他の動物には不可能な人間らしさを示す特有の能力であり，人間の発展に欠かせない行為の1つだといえるのである．

　では，「競争」という原理を持ち込んでスポーツの意味内容を大きく変容させた近代スポーツにその内容を求めてみよう．

　17〜18世紀のイギリスでは，ブルジョワジー（中産階級）と呼ばれた産業資本家階級が現れたが，17世紀に起きた市民革命以降，その社会的な影響力を強くしていったブルジョワジーは，産業革命によって近代化が進むと，自分たちの社会的地位を守るために，リベラリズム（自由主義）を強く主張した．イギリスの近代社会は，「競争」という精神的特性を社会システムに組み込み，「機会の平等」「自由な競争」を通して勝者が得たいものを得ることができるという「競争原理」が貫かれるようになっていった．また，スポーツの大衆化は，産業革命のモットーである成果主義と能力主義をスポーツにもたらし，スポーツの競争における勝敗の結果（業績）に対する社会的重要性を高めていった．近代スポーツから受け継がれた「競争」というスポーツの本質は，現代スポーツに引き継がれながら，私たち人間の文化，社会に大きな影響を与え，新たな可能性を生み出す原動力をとなっているのである．

3.　スポーツの要素「遊び」

　スポーツをする人のことをプレーヤー（player）というが，人類学者ヨハン＝ホイジンガが人類のことをホモ・ルーデンス（遊ぶ人）と定義づけたように，スポーツをする人はまさに「遊ぶ人」なのである．私たちが人間らしく生きる上で「遊び」は必要不可欠なものなのである．

　人間が遊ぶためには，生存に窮していないことと時間的な余裕，つまり余暇があることが必要条件である．人間は槍や弓などの道具を作り出し，それを使

用することによって，それまでの自らの身体能力だけで行っていた時とは格段に違う効率で狩猟生活を行うようになったと考えられるが，近年の経済生態学の研究では，未開社会における成人男女の狩りと採集活動に費やす時間は，1日平均3時間程度であり，残りの時間は余暇に充てていたと考えられている．彼らは人類史上最も余暇に恵まれた人たちと言われており，余暇を存分に使った「遊び」やスポーツ的な活動を謳歌していたのかもしれない．

「遊び」は本来的に仕事や義務ではなく，また強制されたり，強要されるものでもなく，本人の自由意志に基づいて行うものである．「遊び」にとって重要なことは，勝敗や損得のような結果ではなく，「遊び」という行為自体を楽しむことである．「楽しい」「快」という実感があるから遊ぶのである．つまり，「遊び」とは，仕事や義務からの逃避として行う行為ではなく，自ら生きることそのものを求めた人間らしい行為の一部と考えることができるのである．

ところで，わが国で一般的に使われるスポーツという言葉は，英語のsportを外来語としてカタカナで表記しているのは疑いのないところであるが，世界のsportに目を移してみると，私たちが日常使っている「スポーツ」と英語のsportの間には，意味するところや捉え方，考え方に若干違うニュアンスが感じられる．

たとえば，2010（平成22）年に開催された第16回アジア競技大会では，スポーツ種目として，ブリッジ，シャンチー（中国象棋），囲碁，チェスなど，いわゆるマインドスポーツ（頭脳スポーツ）といわれるものが実施競技として行われた．また昨今のsportの新しい動きとして，2017（平成29）年4月17日には，アジアオリンピック評議会が，2022年のアジア競技大会（2023年に延期）の競技種目に，e-Sportを正式なメダル種目とすることを発表した．e-Sportとは，エレクトロニック・スポーツの略とされているが，電子機器を用いて行う娯楽，競技，スポーツ全般を指し，コンピューターゲーム，ビデオゲームを使った対戦をスポーツ競技として捉えるものの名称である．このような世界のsportの動向に驚きを感じた日本人は少なくないであろう．では，現在使われているsportには，もともとどのような意味内容が含まれているのであろうか．

sportはその語源を辿ると，紀元前5世紀ころのラテン語動詞のdeportareにまで遡ることができる．deportareのde-は英語でいうところのawayを示

し，portare は carry を意味するため，本来は「運び去る」とか「運搬する」「輸送する」「追放する」のように「ある場所から他の場所へ物を移動させる」ことや「人が移動する」というような意味であったとされる．その後，古代フランス語の desporter や deporter に至るころには，移動の対象はモノだけではなく，こころや状況までも含む意味を持ち「日常生活から移動する，気晴らしをする，気分転換をする，休養する，楽しむ，遊ぶ，喜び，慰み」といった意味を内包するようになっていく．中世フランス語では desport となり，14世紀ころの中世英語でも desport や disport という言葉で使用されるようになるが，やがて接頭語の de‐ や di‐ が省略され16世紀には sporte や sport という言葉になっていったとする説が有力である．英語化された当初は，「必要な（まじめな）義務からの気分転換，骨休め，娯楽，休養，慰め」などを広く意味していたが，16世紀に sport と使われるようになった頃に，「ゲーム，戸外で楽しまれる身体活動を伴う気晴らし」を意味するようになったとされている．よってスポーツの本質は，語源的にみれば余暇を利用したあくまで自由な領域にある「遊び」や「楽しみ」であり，何かの目的のために行われるものではなく「非実用的でそれ自体のために追求される身体的・精神的な活動」であるといえよう．しかし，現在のスポーツと遊びは全くイコールというわけではない．スポーツは本来遊びの一種ではあるが，単に体を動かすとか単純に楽しむというだけではスポーツの本質が語れないことがわかる．

4. 文化としてのスポーツ

　われわれ人間は社会の中で,様々な環境や教育,文化を身につけることによって自分自身を形成し，また社会を創り出していく．さらに私たちはその社会をより豊かで良いものにしていくことを求めて，考え方や行動の方法，新たな事物を工夫考案して発展させていくのである．

　スポーツの本質は，文化，社会，政治，福祉，医療，教育，経済などに様々な形で入り込み，世界の様々な場面に影響を及ぼしているが，そこでは，言語的な意味で引き継がれてきた遊びや気晴らし，楽しみといった内容にとどまらず，現代の人間の生活の様々な場面で影響を与え，現代人の生活に必要不可欠

なものとして機能している．つまり，スポーツの文化は，人間の生活を単なる機能性・利便性の追求からだけではなく，そこに意味を加えて，よりよく満足できる文化を創り出してきた結果，生まれたものである．

　自由競争による予定調和を目指してきたヨーロッパの近代社会では，競争原理にその中心があり，スポーツにおいてもそのような価値観が最優先された．20世紀を通して発展してきた競技スポーツは，人類の中で誰が一番優れた身体的能力を有しているか，誰が一番スーパーマンかというところに価値を見出してきたのである．しかし，競争や勝敗の結果によってその優劣を競ったり，パフォーマンスの高度化を競うという価値観を重視するだけのスポーツの概念は，もはや古い過去のものになりつつあるのかもしれない．特に，日本人の多くがもつスポーツの概念は，わが国特有の歴史的背景や文化性，民族性などを含む社会的背景の中で築かれてきたスポーツの限定的な姿やイメージを基に作り上げられた概念なのであり，現代社会において特殊なスポーツ観を作ってしまっているのは，むしろ日本人のほうなのかもしれない．スポーツは人間の存在，つまりは身体性抜きにはその本質について考えることはできないが，私たち人間の理想を実現していこうとする営みの結果として多様化してきた文化の視点からスポーツについて考え，スポーツ活動としての理念やその概念について明らかにしていくことは21世紀を生きる私たちにとって大きな課題である．スポーツの本来的な意味や世界的に展開している現代のスポーツを理解し，今後のスポーツ文化を考えていく上で，私たちがもっとスポーツの本質的なところを理解しアプローチしていかなければならないのであろう．世界の多様なスポーツの受容や理解，共有する価値観やワールドワイドな世界共通の文化としてのスポーツ概念の構築が求められる時代になっているのである．

5. スポーツと体育の違い

　ヨーロッパではルネサンスが興ると，人文主義者たちによって古代ギリシャ・ローマ時代の古典文化への復興と調和的な身体観が見直され，教育において体育は不可欠であり身体を教育の対象とする考えが生まれた．健康ではつらつとした逞しい肉体を持つ人間を理想とし，身体育成や鍛錬主義，身体運動

の必要性を唱えたのである．18世紀に入り広く国民に教育が教授されるようになると，新しい思想の中で評価されたスポーツや身体活動，各種運動が学校教育や国民教育の中で取り上げられるようになり，近代の体育が成立してくる．近代的教育における「体育」，すなわち「全人的教育における1つの柱」として体育を捉えるならば，17世紀末頃のイギリスの思想家ジョン・ロックやフランスの思想家ルソーらの思想を継承していったといえるだろう．特にその実現に先駆的役割を果たしたのが，ドイツのバゼドウである．デッソウの「汎愛学校」において，発育期の子どもたちに運動を取り入れた教育を施した．また，シュネッペンタールの汎愛学校に勤務していたグーツムーツも「実務的で道徳的な市民の育成に体育が寄与するものである」という論理を構築し，「近代体育の父」と呼ばれている．

　このように，近代「体育」の成立には，スポーツをはじめ身体活動や各種運動が取り入れられたが，基本的にその本質に「遊び」の要素を持つスポーツは，強制的に，また何かの目的のために行われるものではなく，自発的な強制されないものである．一方，体育は教育の一形態であり，本質的にスポーツと体育は別物なのである．

　日本において欧米語の physical education の訳として「体育」という語が定着したのは，明治時代に入ってからであり，明治の早い段階で，「学校体育」や「社会体育」などの用語として使用されていた．わが国においても武士階級では藩校などの教育機関において武芸教育などが行われていたが，近代化を目指す学校教育の中で身体が教育の対象となったのは，1872（明治5）年の学制の発布以降である．幕末期に導入した西洋式の軍事訓練の影響もあり，軍隊を窓口として，フランス，イギリス，ドイツ，オランダなどの軍事訓練の基礎としての徒手体操や器械体操がすでに行われていたが，日本は近代学校教育を欧米，特にアメリカとイギリスに求めて近代公教育制度を確立しようとした．当初，身体を鍛えることをねらいとした体育は受け入れられず，根付かなかったといわれているが，日本人の身体を体育によって近代的身体に作り替える必要があり，学校の特別活動として紹介され始めていた遊戯性を持つスポーツに注目し，教材として導入していったのである．こうしてわが国では，主にスポーツは学校教育の中で地盤が形成され，さらに体育の中で普及していくことに

なったのである．その結果，わが国のスポーツは教育における修養的なニュアンスが強くなり，スポーツ本来の本質的な意味合いは時代とともに薄れ，やがて，競技化された自己修練的なスポーツ観が主流となっていったのである．このような点から，わが国のスポーツ観は世界的に一般的なスポーツ観とはやや趣が異なる文化性を有したといえるであろう．

参考文献

石川松太郎『教育の歴史　日本における教育の歩みを中心に』日本放送出版協会，1991年．

市川浩・山口昌男編『身体論とパフォーマンス』別冊国文学，第25号，知の最前線，学灯社，1985年．

稲垣正浩・谷釜了正編著『スポーツ史講義』大修館書店，1995年．

グートマン，アレン『スポーツと現代アメリカ』清水哲男訳，TBSブリタニカ，1981年．

グットマン，アレン『スポーツと帝国——近代スポーツと文化帝国主義』谷川稔ほか訳，昭和堂，1997年．

グルーペ，オモー『文化としてのスポーツ』永島惇正ほか訳，ベースボールマガジン社，1997年．

多木浩二『スポーツを考える——身体・資本・ナショナリズム』筑摩書房（ちくま新書），1995年．

玉木正之『スポーツとは何か』講談社（講談社現代新書），1999年．

ディーム，カール『スポーツの本質と基礎』福岡孝行訳，法政大学出版局，1966年．

中村敏雄「『スポーツは普遍か』の問い方」現代スポーツ評論，第4号，2001年5月．

広瀬一郎『スポーツマンシップを考える』ベースボールマガジン社，2002年．

Chapter 2 近代スポーツ

1. 近代スポーツの素地

　近代スポーツを考える上で，ルネサンスという文化運動について触れずに前に進むことはできない．ルネサンスは思想的，哲学的にも新たな展開のきっかけとなる動きであり，中世的な身体観からの脱却，近代的身体観の芽生え期という意味においても重要である．

　14世紀に入ると，北イタリアでは古代ギリシャ・ローマの文化を理想とし，それを復興させつつ，新しい文化を生み出そうとするルネサンスが興った．それは，古代ギリシャ・ローマの時代は人間性が肯定されていた理想の時代であると捉えて，その古典による教養こそが，人間をより人間たらしめるという考え方であり，この考えによって人間形成を目指す教育はヒューマニズム教育と呼ばれた．ルネサンスは，中世封建主義やキリスト教思想によって束縛された中世文化に対する批判的精神であり，人間中心の近代文化への転換の契機となり，思想，文学，美術，音楽，建築など多方面にわたってヨーロッパ社会を変容させる革新的な文化運動であった．そこでは，古代ギリシャ・ローマの古典文化への復興を目指した人文主義者たちによって，心身を調和的に発展させようとする身体観が見直され，身体の育成は，教育の対象としても重要視されるようになっていくのである．

2. ヒューマニズム教育における体育

　イタリアのヴィットリーノ（1378-1446）はパドバ大学に入学し，人文主義者

のヴェルジェリオやバルツィッザなどから教養諸学を学び，人文主義に基づく全人教育のための寄宿学校「喜びの家 (Giocosa)」をマントバに創設した．この学校は，君主や貴族のみならず，庶民の子弟にも開かれており，キリスト教と古典教育との調和を知育・徳育・体育の一体化の中に図ることを目的とし，ルネサンス人文主義を教育に具体化した学校として名高い．そこでは本格的な軍隊訓練や運動訓練も行われたが，特に軍事訓練からも遊戯からも解放された体操を学校で初めて教えたことで知られ，高等教育には欠かせない健康ではつらつとした逞しい肉体をもった人間を理想とする教育が行われた．やがて，この寄宿学校の形態は，パブリックスクールにもみられるように，その後のヨーロッパの教育の1つの在り方として確立されていくのである．

イタリアで確立したヒューマニズム教育は，イタリアよりはむしろ他のヨーロッパ各地に影響を及ぼして広がりを見せた．ドイツのギムナジウム (Gymnasium = 中等教育学校) の生みの親ともいわれるシュトゥルム (1507-1589) や，『教育論』の中で身体育成や鍛練主義を唱えたフランスのモンテーニュ (1533-1592) などは，その代表的な例である．

イギリスでは，人文主義がパブリックスクールなどの中等教育の中で根を下ろし，エリオット (1490-1546) やマルカスター (1531-1611) たちは，身体運動だけでなく休息やレクリエーション（魚釣りや軽い散歩など）を必要不可欠なものとして位置づけ，ゲーム的な教材を用いて身体を鍛練していく方法を提唱していった．現代でこそ，多くの科学的研究成果の集積によってトレーニングの方法も工夫され，休息やレクリエーション的な要素の重要性も当たり前のように述べられるようになったが，16世紀後半にすでに身体の育成に欠かせないトレーニングの方法が提唱され，また効果的な休息の考え方が確立しつつあったことは，スポーツの発展過程において看過できない．

3. 近代スポーツの背景

(1) 民主主義とスポーツ

17〜18世紀に台頭してきたブルジョワジー（中産階級）を中心とする産業資本家の台頭は，それまでの封建制を打破して，政治的・経済的支配権を獲得し，

近代資本主義社会への道を開き，国民国家の時代を築き上げていった．このような社会の変遷はスポーツに対する欲求や在り方，考え方にも大きな変革をもたらすことになるのである．つまり，経済の面では産業化，政治の面では民主主義，価値観の面では自由や平等の理念といった近代社会の条件は，近代スポーツという新しいイメージを創り上げる上で重要な条件だったのである．

人民が権力を所有し行使する民主主義は，すでに古代ギリシャの都市国家(ポリス)に認められるが，民主主義的な思想・制度が社会において決定的に重要な地位を占めるようになるのは，やはり，市民階級が専制的な絶対君主の政治を打倒して近代国家を形成した17～18世紀の市民革命以降のことであるといえよう．この時期には国民主権主義，基本的人権の尊重，法の支配，民主的政治制度の確立などの民主主義的思想・制度の原型が形成されたといって過言ではない．

a. トマス・ホッブズ（1588-1679）

トマス・ホッブズは国民主権や基本的人権の尊重という近代的な民主主義理論を最初に提起した．『リバイアサン』(1651)の中で，「人間にとって最高の価値は生きる権利（自然権）と生命の尊重（自己保存）である」と述べ，争乱のない平和な政治社会を確立する必要性と方法を提案している．ホッブズの契約あるいは同意に基づく政治権力や国家の設立という思想が，今日の国民主権主義のモデルとなったことはいうまでもないが，社会の縮図として現れるスポーツにも，これらの影響が発展に大きく関わっている．

b. ジョン・ロック（1632-1704）

イギリスのジョン・ロックは議会制民主主義の思想を理論化し，「民主主義の父」とよばれるが，『教育に関する考察』(1693)の中で，教育における体育の必要性を説いている．

c. ジャン＝ジャック・ルソー（1712-1778）

人民主権論を主張し，民主主義の内容をさらに大きく前進させたのがジャン＝ジャック・ルソーである．『エミール』(1762)において，子どもに自然の善性を認め，文明社会によって歪められない自然人の理想を目指し，文明社会の悪影響から守り育てようという教育理念を打ち出し，その具体的な教育法として，特に体育と情念教育を重視した．モンテーニュ，ロックの流れをくむ全人

格的教育の理想は，やがてカントにも大きな影響を与えた．

　トマス・ホッブズやジョン・ロックが展開した経験論的な認識論や道徳哲学，理性・自然法・社会契約的な政治思想が，イギリス及び西欧における啓蒙思想の幕開けとなるが，この啓蒙思想の普及と産業革命の展開から始まる近代において，スポーツといえばもっぱら競技スポーツを指していた．近代スポーツは，特に競争に対しての「機会の平等」にこだわる点に特徴があるのである．これは，競技を行う前から勝敗が明らかであることを極力さけることで，出自に関係なく個人の努力で成功を勝ち取れるという近代社会の理想とその実現に結び付いている思想といえよう．

　イギリスは，ヨーロッパ諸国の中で最も早い1760年代から産業革命がおこり，他のヨーロッパ諸国に先んじて社会の近代化に成功しただけでなく，暴力的対立であったそれまでのスポーツをより流血の少ない形に昇華させたスポーツの近代化にも成功した．その背景には準備段階として，15世紀から18世紀にかけて，ヨーロッパに展開した国民意識，個人主義，人権意識，科学的世界観の広まりが，近代スポーツの誕生に貢献していたことも見逃すことができない．

　ヨーロッパ大陸の諸国は，歴史的に隣接する国々との戦いや確執に意を削がなければならなかったが，イギリスは四方を海で囲まれ，大陸の紛争に巻き込まれることも少なかった．また，森や平地にも恵まれて緯度の割に温暖な気候であるという地理的条件にも恵まれ，生来，屋外で行う遊びや身体運動を好んで行っていたこともあって，中世から伝わってきた遊びや身体運動を近代という新たな時代に即したスポーツとして創り上げることが可能だったのである．これらはイギリスが近代スポーツ発展の先駆的役割を果たした理由の1つに挙げられる．

（2）ナショナリズムとスポーツ
a．ドイツ体操

　ヨーロッパ大陸では，封建社会の崩壊に伴って一般市民に教育が広く享受されるようになると，社会にとっての個人の有用性，効能性を求めることで社会が自ずと変わっていくというような新教育を目指したヨハン・ベルンハルト・

バゼドウ (1724-1790) が出た．1774年にはドイツのデッソウに「汎愛学校」を設立し，様々な出自の子どもたちを啓蒙教育的な（それぞれの身分階級に応じた）考え方で教育しようとした．バゼドウは，初歩の授業の中に，遊び的な要素を取り入れたり，直観と自己活動による学習や生きた外国語の学習，母国語を大切にすることなどを強調した．バゼドウによって設立された汎愛学校は，20年経たずして閉鎖されることになるが，学校で体育を教えるという近代的な発想を実現したことは注目に値する．発育期の子どもたちをいかに教育するかに重点が置かれ，性格形成，感覚形成，技能形成といった観点から乗馬，水泳，ダンスといった騎士的運動を採り入れたほか，平均運動，溝跳び，球技，スケートなどの民衆的運動も採り入れた．

シュネッペンタールの汎愛学校に勤務していたグーツムーツ (1759-1839) は，学校における指導の成果について研究を進め，「実務的で道徳的な市民の育成に体育が寄与するものである」という論理を構築し，指導法の工夫，確立を行ったことから，「近代体育の父」と呼ばれている．

1789年にフランス革命が起きると，ナポレオンの出現によって，ヨーロッパの多くの国々が戦争に巻き込まれ征服されていった．これは，結果的に征服された国々のナショナリズムを高揚させ，各国の教育や体育に新しい気風や展開を生み出す契機となった．

1806年にナポレオンに敗れたドイツでは，1811年にヤーン (1778-1852) がそれまで行われていたギムナスティク (Gymnastik) に代わって，青少年の身体運動を中心とする教育活動をツルネン (Turnen) として提唱し，ドイツ人の体力と気力を育成し，国民的自覚を高めることに努めた．ツルネンはグーツムーツの行った運動を基に水平棒や平行棒，軍隊訓練的な運動も数多く採り入れられたが，その活動は自然的で比較的自由であり，対象も特定の学校の生徒だけに施されるのではなく，あらゆる階層のドイツ人に開放され，国民教育の土台となった．1818年頃には，ドイツ全土に広がりを見せるが，その活動は，政治討論活動など政治思想的な性格が強かったため，1820〜1842年の間，当時のプロイセン政府によって，この活動は禁止された．その後1842年には，政治思想的な色合いを払拭し，身体運動のみをツルネンと位置付けることで再開され，ヤーンは「ドイツ国民体育の父」と呼ばれている．国民体育として発展したツルネ

ンであるが，1860年にはプロイセンの小学校から大学までの男子にツルネンが随意科として置かれ，1862年には小学校で必修化されるなど，学校教育においても制度的に確立していくのである．

b. デンマーク体操

フランス，イギリス，スウェーデンなどの列強諸国の脅威に晒されていたデンマークでは，軍事力強化が喫緊の課題となり，世界最初の体育指導者養成学校である「軍隊体育学校」を1804年に設立した．また，続く1808年には軍隊体育学校に併設して，市民のための体育学校も作られた．翌1809年には，体育が中学校で随意科となり，1814年には国民学校令によって小学校男子の体育の授業が必修化された．軍隊体育学校の校長を務めたナハテガル（1777-1848）は，グーツムーツの理論を継承する体育を採用し，後に市民と軍隊，両方の体育の主管者となり，小学校や中学校の体育の手引書を作成したり，体育制度の確立にも尽力した．

c. スウェーデン体操

スウェーデンでは，フランス，ロシアとの紛争で復古的ナショナリズム（ゴート主義）に向かう中，1814年に体育教師養成を目的とする「王立中央体育学校」が設立された．これを提唱したリングの体育思想はナショナリズムを柱としたものであったが，この学校で指導する具体的な方法は，調和的な身体の発達を目指すものであり，運動の合理化を研究する中で体育の理論的・実践的発展に努め，徒手体操を創り上げることに力が注がれていった．リングの死後，この徒手体操は生理学，解剖学などの根拠に基づいて確立され「スウェーデン体操」と呼ばれるようになり，ヨーロッパ，アメリカのみならず，日本の体育にも大きな影響を与えることになった．

このように，ヨーロッパ大陸の国々では，征服の反動としてのナショナリズムの勃興を背景として，いわば国家軍事力の問題から意図的に発想して作られた運動が発達したのに対し，大陸の紛争に巻き込まれることが少なかったイギリスでは，本来のスポーツの本質的な意義や個人の立場で政治の動きとは関係のない，経済的に余裕のある範囲内で近代社会を成立させていくのにふさわしい性格や特徴を持つ身体運動文化として発展し，現代スポーツへと歴史的な変

化を遂げているのである．よって，イギリスではエリート養成を念頭においたゲームを中心とする戦うスポーツや競技スポーツなど競争を中心とするスポーツが多く展開され，近代スポーツの中心的役割を果たした．一方ドイツなどでは，ブルジョワでも貴族でもない近代的市民を対象に，ナショナリズムの高揚から発展した自己修練，自己形成的な体育・体操が重点的に行われており，ヨーロッパの近代には，大きく2つのスポーツの流れがあったといえそうである．

やや遅れて，イギリスの旧植民地であったアメリカでは，フットボールやクリケットの系統のゲームから独自の発展を見せ，アメリカンフットボールやベースボールといったスポーツを生み出している．さらに，アメリカで発明されたバスケットボールやバレーボールなどは，現在ではメジャーなスポーツとして世界中で広く親しまれ，オリンピックやワールドカップといった世界規模での大会が開催されるようになっている．

イギリス発祥の近代スポーツはプレーが始まったら，選手が試合の全ての状況を判断したり，戦術を考えるものが多く，プレーしている人間同士が中心である．一方，アメリカのスポーツの多くは，チームの戦術やプレーは，監督，コーチといった役割を担う人が請け負い，チームの選手は，その方針，その戦術にそって相手対相手で技能を発揮するように，役割分担制であるものが多い．よって選手の交代も比較的自由である．このように，近代スポーツの発展は，現代に至るまでに，その背景となっている社会背景，思想，国民性などとも大きく関係し，多様な展開をしている．

現在，オリンピックをはじめとする国際大会では，統一ルールのもと競技が行われているが，スポーツの世界においても国家間の力関係が影響を及ぼしているように思われる．現在では，アメリカの国家としての台頭と並行するように，スポーツにおいても超大国としての存在感を示しており，近代スポーツ発祥のイギリスとは違った形でスポーツを牽引し，現代のスポーツ文化の醸成に大きな役割を果たしている．

参考文献

エリアス，ノルベルト／ダニング，エリック『スポーツと文明化――興奮の探求』大平章訳，法政大学出版局，1995年．

エリアス，ノルベルト「スポーツと暴力」桑田禮彰訳，栗原彬ほか編『身体の政治技術』叢書 社会と社会学3，新評論，1986年．
グットマン，アレン『スポーツと帝国——近代スポーツと文化帝国主義』谷川稔ほか訳，昭和堂，1997年．
グートマン，アレン『スポーツと現代アメリカ』清水哲男訳，TBSブリタニカ，1981年．アレン・グートマンは，近代の競技スポーツを ① 世俗化，② 競争の機会と条件の平等化，③ 役割の専門化，④ 合理化，⑤ 官僚的組織化，⑥ 数量化，⑦ 記録万能主義の7つで特徴づけている．
寒川恒夫・稲垣正浩・谷釜了正・野々宮徹『図説スポーツ史』朝倉書店，1991年．
多木浩二『スポーツを考える——身体・資本・ナショナリズム』筑摩書房，1995年．
田中浩『ホッブズ研究序説——近代国家論の誕生』改訂増補版，御茶の水書房，1994年．
西山哲郎『近代スポーツ文化とはなにか』世界思想社，2006年．
ロック，ジョン『教育に関する考察』服部知文訳，岩波書店（岩波文庫），1992年．
ロック，ジョン『ジョン・ロック『子どもの教育』』北本正章訳，原書房，2011年．

Chapter 3 スポーツとアマチュアリズム

1. アマチュアとアマチュアリズムとは

　現在，アマチュアと言えば，「素人」とか「愛好者」あるいは「プロでない人」という意味で使われており，音楽や芸術，ゲーム，スポーツなどで使われる言葉である．つまり，それを行うことで報酬を得たり，賞金を稼いだりしない，職業として行っていない状態，あるいは人のことである．特にスポーツでは，アマチュアリズムにのっとったアマチュアという考え方をする．つまり，スポーツをすることによって金銭の授受が行われたり，賞金を得たり，それを生業としたりして経済的利益を追求してはならない，とするアマチュアリズムを全うしている人間のことをアマチュアと捉えてきた．そして，アマチュアスポーツこそが，プロスポーツに比して崇高なスポーツであり，価値の高いスポーツとして考えられてきた．このアマチュアリズムの考え方は，19世紀中頃のイギリスで，近代ブルジョアジーが台頭するなか，労働者階級をスポーツから排除するところから始まり20世紀後半まで続いてきたが，現在はその思想はほとんど意味をなさなくなっている．

2. スポーツにおけるアマチュアリズムの目的

　スポーツにおけるアマチュアリズムは，そもそも差別的な目的として成立したが，その主な目的は，次のとおりである．

（1）社会的身分による差別

　アマチュアリズムは，ジェントルマン・アマチュア，つまり上流階級の人々と下層階級の人々を差別することにある．ジェントルマンと呼ばれる上流階級はスポーツに興じ，スポーツを嗜むことがジェントルマンの誇りとなっていった．したがって，下層階級の人々がスポーツをすること，少なくとも同じステージで行うことを拒否したのである．

（2）職業による差別

　労働者は，日頃から身体を使った仕事を行っており，技能や筋力，体力のレベルが高いため，アマチュア競技への出場資格が与えられなかった．その理由は，労働者は身体的に有利であるということで自動的にプロとして見なされたのである．競技に出て賞金を稼いだり，他に仕事を持たずスポーツを専門的に行ったりする人々に対して，職業による差別としてアマチュアリズムが機能したのである．

（3）動機による差別

　アマチュアかそれ以外かは，動機によって分けることができる．アマチュアにとって，スポーツは楽しむためのものであり，そのゲームの内容がよければ勝敗は問題ではない，という考え方である．したがって，スポーツをする動機は，あくまで楽しむため，レクリエーションのためなのである．お金のためにスポーツをするという動機は，価値が低いと考え，アマチュアとは一線を画して，差別したのである．
　アマチュアリズムの目的は，上流階級が下層階級に負けるのが認められないというようなプライドを守るため，労働をする仕事は身体能力が高いから不平等だということ，お金のためにスポーツ能力を向上させることは不純な動機である，ということである．つまり，スポーツによる「公正で平等な競争」を担保するという側面もある．しかし，その目的のために人間として不公正で不平等な差別を規定したのである．

3. アマチュアリズムの歴史

ヨーロッパにおける近代スポーツは，17世紀から18世紀にかけての市民革命と18世紀半ばから19世紀にかけての産業革命によってもたらされた．近代は，市民革命と産業革命によって封建的制度が，打破され，市民社会を基盤とする国民国家が形成され，法のもとの自由・平等を目指した．スポーツもローカルで血の争いであったものが近代ヨーロッパの合理主義的な発想によって整備・統一され，広がっていった．

イギリスでのジェントルマン（紳士）は，他のヨーロッパの国々の貴族と違い，貴族と大多数の身分的には庶民（ジェントリー）であるが地代収入によって肉体労働することなく特有の生活様式，教養などを身に付けた有閑層である．彼らは，ジェントルマンらしく振る舞い，それらしい相貌をもつ者と捉えられた．19世紀に入ると「ジェントルマンシップ」は，パブリックスクールやオックスフォード大学，ケンブリッジ大学を中心とするエリート教育によって継承されることになる．そこでは，スポーツがジェントルマンのたしなみとして盛んに行われるようになった．

そのような状況のなかで，初めてアマチュアということばを用いたのは，1839年の第1回ヘンレー・レガッタ（英国）への参加規定（資格）としてであったと言われる．つまり，ジェントルマンだけでボート競技を楽しむために，肉体労働で金銭を得ている全ての労働者を排除することがその目的として内規あるいは道義的な問題としてあったようである．

実際に，アマチュア規定として，成文化されたのは1866年に行われた第1回全英陸上競技選手権大会の参加者資格規定である．

> 「かつて賞金目当てにプロフェッショナルと一緒に，あるいはこれに対して競技した者，生活費を得るために競技いかんを問わず練習を教えたり，それを仕事としたり，手伝いをしたことのある者，手元の訓練を必要とする職業（Trade），あるいは雇用者として機械工（Mechanic），職工（Artisan）あるいは労働者，これらはアマチュアとは認めない．」

ここでは，明確にアマチュアとは，プロと競技しないこと，それを生業としないこと，機械工や職工でないこと，そして労働者でないことと規定している．さらに，1878年に全英ヘンレー・レガッタ委員会が策定したアマチュア規定では，アマチュアとアマチュア以外が明記されている．

　「アマチュア漕手，およびスカールを漕ぐスカラーは，陸海軍士官，文官，紳士たち (a member of the liberal profession)，大学の学生もしくはパブリックスクールの生徒，または機械工あるいはプロフェッショナルを含まない既設のボートあるいはローイング・クラブの会員であり，懸賞金，金銭，入場料のために競漕し，賞金目当てにプロフェッショナルと一緒にあるいはそれらに対抗して競漕し，かつて生活の手段としていかなる種類の競技においても訓練を業として教えたり，手伝ったり，造艇の仕事に関係したりした者，また肉体労働者，機関工と職人と労働者は競技会に出場することは出来ない．」

このように，初期のアマチュア規定では，アマチュアは紳士と同義語とされ全ての労働者をアマチュアから排除しており，アマチュアリズムは労働者差別の身分規定でもあった．しかし，1880年，全英陸上競技連盟はアマチュア規定から労働者除外規定を廃止した．つまり，アマチュアとは，スポーツによって生計を立てたり，賞金を貰ったりしない競技者であり，職業や階級によって差別されるものではなくなったのである．しかし，例外的にヘンレー・レガッタでは1937年の規定改正まで労働者除外規定が残されていた．

4. アマチュアの祭典であったオリンピック

近代オリンピック競技大会は，フランスのピエール・ド・クーベルタンの提唱によってはじまった．第1回大会は，ギリシャのアテネで開催され，現在まで4年に一度開催されている．また，1924年からは冬季オリンピックも4年に一度開催されている．近代オリンピックは，発足以来，長年にわたってアマチュアの大会であった．第1回大会に先立ち，1894年に創立したIOC（国際オリンピック委員会）は，基本的にイギリスのアマチュアリズムを継承し，オリンピック

大会は世界のアマチュアのスポーツ祭典とされた．

　第二次世界大戦後，1972年までは，ブランデージ会長が，スポーツを純粋化するためにアマチュアリズムの代弁者として，詳細なアマチュア規則を作り，頑なにオリンピックはアマチュアのみによる競技会にしようとした．しかし，現実は，そうではなかった．まず，1950年代に共産主義国家であるソビエトや東ドイツの選手がオリンピックをはじめ国際大会でめざましい活躍を遂げ，「ステート・アマチュア」と呼ばれるようになった．彼らは国家政策の一環として強化された選手であり，職業を持たず練習と競技だけを行う実質的なプロであった．また自由諸国でも，一流選手に対して企業が援助したり，大学が奨学金を出したりしているケースがあり，もはやアマチュアとは言えない選手が多くいた．

図3-1　ピエール・ド・クーベルタン

　このような状況下，会長になったキラニン会長は現実路線に舵を切り，1974年のIOC総会でオリンピック憲章の参加者資格規定を大幅に改正してアマチュアの定義を削除し，当該競技団体が管理することを条件に選手が必要経費や広告出演料などを受け取ることを承認したのである．ここに，オリンピック憲章全文から〈アマチュア〉の字句は完全に消滅し，オリンピックは世界のアスリートのスポーツ祭典となったのである．

5.　アマチュアリズムの崩壊

　スポーツにおけるアマチュアリズムは，1990年代以降，ほとんど意味をなさなくなった．その理由は，スポーツの高度化，大衆化，などがある．
　まず，スポーツの技術が高度化すればするほど，個人の能力ではどうしようもなくなる．優秀な指導や組織のバックアップ，練習時間の確保などが求めら

れるようになり，選手が生きていくためには何らかの金銭的保障がなければ，成り立たなくなっているのである．

次に，大衆化である．これはスポーツ・フォー・オールというように全ての国民がスポーツを楽しもうとすると，莫大な資金が必要となり，必然的に国が設備や機会を提供することになる．そして，スポーツをすることは，一部の生活に余裕のある人々だけではなく，全ての国民の権利という位置づけになり，そのことがブルジョア個人主義に依拠するアマチュアを否定することにつながるのである．

さらに，ナショナリズムの高揚である．東西冷戦が終わり，国家や民族のナショナルアイデンティティを喚起するものの1つとして，スポーツの国際大会が注目を浴びるようになった．そして，国際大会では，それぞれの国が国家のプライドをかけて戦うことになり，多くの国民も自国の勝利を望み，応援する．そのような状況において，勝利を得るには選手やチームを強化するために公的な資金や寄付が注入されることになる．さらに，勝利を得るためには，選手がアマチュアであろうがプロであろうが，そのようなことは人々にとってあまり関心事ではないのである．

国際大会で活躍する選手は，国の代表であり，そこに資金が投入されることに対しても異論を唱える国民は多くない．したがって，アマチュアへのこだわりはほとんどなくなっている．

6. 学生野球とアマチュアリズム

わが国において，最もアマチュアリズムを堅持していきたのは，学生野球である．日本学生野球憲章の冒頭に，「国民が等しく教育を受ける権利をもつことは憲法が保障するところであり，学生野球は，この権利を実現すべき学校教育の一環として位置づけられる．この意味で，学生野球は経済的な対価を求めず，心と身体を鍛える場である」とし，学生野球を教育の一環としてとらえ，経済的な対価を求めないように規定しており，アマチュアスポーツとしての位置づけを明確にしている．そして，違反すると資格はく奪などの重い処分が定められている．

しかし，現実をみると学生野球においても，純粋なアマチュアリズムは成立しなくなっている．たとえば，2007年の特待生問題もその1つである．発端は西武ライオンズが早稲田大学野球部の選手に対して将来の入団を条件とした裏金を渡していたことが明らかになったことがもとで，その選手の高校が当時の日本学生野球連盟憲章で禁じられている授業料免除などの奨学制度を受けていたことがわかり，特待生の存在が表面化したのである．その後の調査で全国377校，7920人の特待生の存在が明らかになったのである．結局，高野連は，一般公開すること，入学金と授業料に限定した免除，各学年5人に限ることを条件に，特待生を認めることになったのである．このことは，学業に悪影響が無い限り，経済的利益があっても特に問題にしない，という考えが国民の間に共通認識としてある程度広がっているという裏返しでもある．つまり，アマチュアリズムは，高校野球においてもその意味が薄れてきているのである．

7. アマチュアリズム

元来，アマチュアリズムは，階級差別，職業差別から生まれた概念であるが，一方でアマチュアスポーツは，崇高なスポーツ，純粋なスポーツということで，捉えられてきた．そこには，スポーツマンシップやフェアプレーの精神が息づいており，スポーツが勝敗や娯楽を超えて，文化として，教育としての価値を有してきたと言える．

アマチュアリズムが機能しなくなった現在において，スポーツマンシップやフェアプレーといった崇高なスポーツ精神はどうなるのであろうか．

その1つの答えは，プロスポーツ，アマチュアスポーツという枠を超えて一流選手と言われる競技者が，ルールと相手と審判をリスペクトすることを実践することで，スポーツの価値を高めていくことが重要である．また，全ての国民が，スポーツをする権利，みる権利を行使するなかで，スポーツの真の意味での価値は勝利の追求のなかにスポーツマンシップやフェアプレーの精神があるということを支持し続けることにある．

参考文献

井上春雄『アマチュアリズム』(新体育学大系第8巻) 逍遥書院, 1980年.

内海和雄『アマチュアリズム論』創文企画, 2007年.

グレーダー, E. A.『アマチュアリズムとスポーツ』四国スポーツ研究会訳, 不昧堂出版, 1986年.

Chapter 4　スポーツマンシップ

　「宣誓！　われわれ選手一同は，スポーツマンシップに則り，正々堂々，戦うことを誓います．」いろいろな試合の開会式で，よく耳にする言葉である．私たちは，身近に「スポーツマンシップ」という言葉を使っているが，そこでは何となく「スポーツを行う人たちが守らなくてはならないこと」程度の漠然としたイメージで捉えているのではないだろうか．
　守能信次は，本質的にはスポーツ活動そのものは「倫理的に無色の活動」であり，スポーツは本来，倫理とは直接関係のない活動であると述べている．しかし，人間は環境や文化の中で育まれ，社会の中で生きていく存在である．よって，スポーツがより良い文化活動として社会の中で位置づけられるべく，崇高な精神や倫理が構築され，スポーツマンのあるべき態度，マナー，エチケットのような嗜みを身に付け，それを実現させていくことが必要であろう．
　スポーツマンシップは，原理的には個人の意識や意志に働きかけて得られる内的規範に基づいた普遍性をある程度持つ部分がある一方で，「スポーツは社会の縮図」といわれるように，様々な思想的，時代的，文化的な背景といった多様な外的規範が存在する以上，スポーツマンシップという言葉は決して普遍的ではないし，一義的ではないだろう．よって私たちは，スポーツを取り巻く社会状況や時代とともに変容するスポーツの概念，またそれに伴って移り行くスポーツマンの理想像やスポーツマンシップについて，どのような精神性が求められるのか，常に考えていく必要があるだろう．

1.　スポーツマンシップという言葉の登場

　「スポーツ」や「スポーツマンシップ」の文化的源流を辿ると，中世ヨーロッ

パの封建社会で盛んに行われた馬上試合（トーナメント）をはじめとする騎士の間で行われた身体運動文化に行きつく．これらのスポーツ的な活動は，初期の段階では，多くの場合，実際の戦闘と競技が未分化であり，ルールや規則などもあまり厳密ではなく，スポーツというにはあまりにも暴力的な行為であったことが知られている．11世紀半ばから12世紀半ばになると，様々な儀式の形が作られるに伴って騎士たちの倫理規定ができあがっていった．一対一の正々堂々と戦うことを意味したフェアプレーの精神も，騎士道の中で育まれた考え方であるといわれているが，「騎士道的倫理」とでもいうべき徳目は，広くヨーロッパ文化の中に浸透し，中世封建社会が崩壊した後も近世，近代ヨーロッパ的精神の中に継承されていくのである．

では，騎士道文化がほぼヨーロッパ全体に広まっていたにも関わらず，なぜ，「スポーツ」と「スポーツマンシップ」の発祥がイギリスだといわれるのであろうか．そこには，ヨーロッパで最も早く市民革命を行い，また積極的に産業革命を進めた近代イギリス社会を生み出したブルジョワジー（中産階級）の台頭が大きな意味を持つ．

阿部生雄によれば，「スポーツマンシップ」という言葉自体が出現したのは，17世紀後半から18世紀初頭であり，そこでは，現在私たちが認識するような倫理的な意味は含まれておらず，「狩猟家」や暇を持て余している「遊び人」というようなかなり大らかな意味で使われていたようである．18～19世紀の英米の辞書を見ても，そのほとんどは「スポーツマン」を「狩猟，乗馬，釣り，射撃などを好む人」としており，「スポーツマンシップ」の初出とみられるフィールディングの小説『トム・ジョウンズ』(1745) でも「狩猟家の魂」というような意味で用いられている (The Oxford English Dictionary Second Ed. Vol. XVI).

もともと実質的な支配階級であったジェントルマンの間では，スポーツは，「それ自体を楽しむために行い，関わっている全ての人を尊重し，フェアプレーに徹し，自制すること」がジェントルマンにふさわしい態度と考えられており，スポーツマンシップは本来，ジェントルマンシップに基づいた精神性であった．しかし，19世紀後半～20世紀のイギリス社会の近代化の過程の中で，ジェントルマンの中に，上位の中産階級が属するようになってくると，「ジェントルマン」は「教養や徳性を身に付けた紳士」を特徴づける言葉となった．また，労

働者階級がスポーツに参画するようになると，ジェントルマンの間で行われていた特に勝敗をつけることを目的としないスポーツ（気晴らし・レジャー）は，勝敗を目的とするスポーツへと変容し始め，勝利することが目的化していくことになり，その中で新しい社会の倫理的な意味内容を整えた「スポーツマンシップ」が形成されていくのである．

2. 近代スポーツにおけるスポーツマンシップ・イデオロギーの形成

　18世紀〜19世紀のイギリスは，多くの植民地を支配し，帝国主義を確立しながら世界の中心となっていったのであるが，そこで重要視されたのがエリートの養成である．西洋文明を教化してきたキリスト教の伝統的な心身観の下では，肉体は蔑視され，肉体はいくら鍛えても精神のように大切なものにはならない，というような考え方が定着していた．しかし，社会の近代化やエリート教育を必要とする19世紀中頃のイギリス社会では，同じキリスト教内部から，人間形成の手段として，肉体の鍛錬に道徳的価値を与えるという「筋肉的キリスト教」（muscular Christianity）と呼ばれる思想運動がおこり，パブリックスクールやオックスフォード大学，ケンブリッジ大学などの教育機関においても，ジェントルマンを養成するためにスポーツを教育の手段にしようとする教育イデオロギーが興った．19世紀後半には，課外活動として行われていたフットボールやクリケットなどのスポーツを道徳教育の手段として加えたことで，アスレティシズム（athleticism：運動競技熱）は一層興隆した．やがて帝国主義の風潮の高まりとともに，筋骨たくましいスポーツマンが理想的なジェントルマン像へと重なっていった．このように，スポーツの教育的価値は，自然に生まれたものではなく，意図的に作られた価値観であるともいえるのである．

　20世紀に入ると辞書において，「スポーツマン」は「スポーツにおいてフェアーで寛大な人，不正な手段をとらない人，よき敗者，奥ゆかしい勝者」(1910)，「フェアーに競い，ゲーム自体のために正々堂々と闘い，賞を必要としない競技の参加者」(1919) と説明されるようになっている．そして，戦後，現代に入ると The Dictionary of Sports (1949) という辞書には「スポーツマンシップ」

は「スポーツに含まれる最良の倫理規範．それは行為や態度におけるフェアさやルールを守ること，不正な有利を拒否すること，相手に対する礼儀正しさ，勝利にあって節度を保ち，敗北にあってすがすがしいこと，などを含む」と記載され，ルールの遵奉のような意味が含まれるようになっている．ルールを遵守することは，市民社会を生きる上では極めて重要なことであるが，このようなスポーツマンの行動を倫理的に規制するイデオロギーは，20世紀に入ってから形成されていった過程が見て取れるのである．阿部生雄は「スポーツマンシップ」の意味は，「スポーツ」の概念の変遷とともに変化し，「スポーツの概念が伝統的な『狩猟的』概念を脱して，『競技的』概念に転成した時期に，倫理的ニュアンスの濃厚なスポーツマンとスポーツマンシップの概念が派生した」と述べている．

3. スポーツマンシップはリスペクトすること

では，競争的概念に転成した近代スポーツ以降，スポーツマンシップには，どのような精神性が求められるようになったのだろうか．

人間は，競争という環境の中で多くのことを獲得し，発展を重ねてきた．競争の要素をもつスポーツは，当然，勝者と敗者が生まれるわけであるが，スポーツを通して得られる素晴らしい価値の多くは，勝利を目指して競い合うことを通じて得られることが多いのである．そして，近代社会は，それをより明確に打ち出した社会である．スポーツにおいても「勝ち負けを競う」ということに重要な意味を持つようになると，そこに価値を見出すためにはいくつか成し遂げられなければならない条件が必要となる．

スポーツマンシップとは，端的にいうと「スポーツマン（スポーツに関わる人々）がとるべき最も基本的な態度や行動を促す精神性」ということになるが，スポーツにおいては，「ルール」と「相手」と「審判」をリスペクト（尊重）することが重要になる．

「ルール」こそは，その競争の本質を表すものであり，勝利が意味を持つのは，その競技がルールによって規定されているからに他ならない．また，勝利に向かって自らを鍛え，向上させ，ゲームでベストを尽くすのは，「相手」も

同じように努力や成果を出そうとする行為が行われるからであり，実際，「相手」が対戦してくれることによって，自分の技能を発揮する場が与えられるのである．スポーツの世界では，好敵手と対戦できた喜びを語る選手は少なくない．つまり，自分と「相手」は敵対する関係ではあるが，共に同じ素晴らしいものを目指し，価値を共有している仲間といえるのである．そういった意味では，敵対する関係だけでなく，同じチームの仲間がいてゲームができることやチーム内に最大のライバルがいて腕を磨き合うなど，敵味方関係なく，同じゲームや競技に参加する自分以外のプレーヤーもリスペクトする対象になり得るということである．また，「審判」は，ゲームの進行のためにルールを実行するだけではなく，競技の伝統や慣習のようなルールに明記されていないものまで含めたゲームの実行者である．よって，ルールを逸脱すれば罰則を適用するが，基本的には，ゲームを適正にコントロールするコンダクターのような存在であり，ゲームが成立するためには，同じスポーツを共有している仲間として欠くことのできない存在であるという認識をもつことが必要であろう．

　これらスポーツで特に尊重される3つのものは，他人から強制されて行うことではない．その意味を理解し，価値を判断したうえで，あくまでも自らの強い意志で行うことが必要なのである．その結果として現れるフェアプレー，自己のベストを尽くす，プレーに全力を注ぐ，勝って誇らず，負けて悔いのない潔い態度などは，相手をリスペクトしているからこそできる行為であり，つまりはゲームをリスペクトすることにも通じる．また明朗，責任感のある行動，謙虚な態度，勇気ある行動，忍耐などは，スポーツマンのあるべき姿として現れてくるのである．

4. スポーツマンシップとフェアプレー

　日頃私たちは，曖昧に使っていることも多いが，スポーツマンシップとフェアプレーは，現代社会において，フェアネス（校正さ）を尊重する文化として最も重要な位置にある要素であるが，イコールではない．フェアプレーはあくまで「プレー中のプレーヤーが守るべき考え方や態度」のことであり，試合に臨む前の姿勢やゲームが終わって勝利したときの立居振舞や負けた後の態度な

どは，フェアプレーかどうかという問題ではないのである．プレー後「勝って誇らず，負けて悔いのない潔い態度」も相手をリスペクトするからこそ生まれる態度なのであり，スポーツマンシップは，プレー中のフェアプレーだけでなく，負けたときの潔さ（＝Good Loser）など，試合結果の如何を問わず，その人の人格に帰する総合的な人間力と言い換えることができる．スポーツを行っている最中か否か，プレーヤーか否かというスポーツ現象の独自の時空間だけに留まる問題ではないのである．このように考えると，「スポーツマン」とは「スポーツに関わる全ての人々」であり，「スポーツマンシップ」は自分と相手だけでなく，チームメイト，相手チームの選手，観衆，審判，競技役員，施設管理者，報道関係者など，これらスポーツに関わる全ての人々に求められる精神性なのである．メジャーリーグなどでは，観衆がたとえ相手チームの選手であっても，ファインプレーや素晴らしい記録が樹立されたときには，敵味方を越えて賛辞を贈ることが珍しくない．自分の応援する選手やチームだけでなく，相手チームの選手をリスペクトしていれば，相手選手のファインプレーにも自然と賛辞を贈ることができるであろう．

　"good sport" には，「礼儀正しく行動する人」「フェアに戦う人」「負けてもからっとしている人」のような意味があり，"He is a very good sport." という表現をすれば，「彼はとても素晴らしい人だ」というような意味を表すように，もともと "sport" には「スポーツマン的性格の人」というニュアンスがあり，フェアネス（公正さ）や礼儀正しさ，潔さなどスポーツを通して人間が生きていく上で身に付けておくべき重要な精神性がスポーツマンシップには含まれているといえるであろう．

5.　ユーロセントリズムと日本のスポーツマンシップの受容

　現在私たちが慣れ親しんでいる競技スポーツ種目の多くは，イギリスやアメリカの近代化とともに成立してきた近代スポーツである．幕末の西洋式の軍隊の導入など，わが国の身体運動の様式に影響を与えたと考えられるものもあるが，わが国にいわゆるスポーツという文化が移入されたのは，主に明治時代の社会の近代化や学制の発布により行われるようになった学校教育の体育，課外

活動においてである．このとき移入されたスポーツの多くは，興隆期であったイギリスやアメリカの競技化された近代スポーツだったのであり，そこで見られる「スポーツマンシップ」もまた，イギリスやアメリカの近代的な思想によって形成された精神性であったといえよう．

　この頃の近代化に成功したイギリスの価値観は，ヨーロッパの白人主義の下で発展してきたユーロセントリズム（ヨーロッパ中心主義）であり，そこで生まれた近代スポーツの価値観も，基本的にこの思想が根底に流れている．つまり，近代スポーツの原理は，ルールを定め，そのルールの下で「より速く，より高く，より強く」を目標として競争を行い，客観的に誰が一番優れているか順位を決めようとしてきたのである．この近代スポーツの原理は，そのままオリンピック精神に反映されている．

　ここで重要なことは，単に他者との競争に勝つという結果としての「速く，高く，強く」だけではなく，自らの過去「より」今，今「より」も未来への可能性の追求という視点も持ち合わせているところが重要である．この原理は，近代社会の希望と願望，理想を象徴するものであり，出自によらず，自らの努力によって，進歩し続ける可能性について表しているものである．しかし，この考え方は「1人の勝者とその他の敗者」という構図である．近代社会の発展の中で追求されてきた，誰が一番速いか，誰が一番高く跳べるか，誰が一番強いか，というチャンピオンシップスポーツをスポーツの中心的な価値としてきた考え方が，長寿化，少子高齢化，超高齢社会を迎えている現代のわが国のスポーツを取り巻く状況において，時代に求められるスポーツの在り方に適っているのかどうか再考する時期を迎えているといえよう．

6. スポーツマンシップからスポーツパーソンシップへ

　20世紀のエリートの白人男性中心主義のもとで多いに発展してきた近代スポーツは，21世紀を迎え，また新しい原理に基づくスポーツ文化が求められる時代を迎えている．「スポーツ」や「スポーツマンシップ」は，もともとジェントルマンという限定された範囲から市民に広がりをみせ，人々の間で共有された文化とその精神であったが，商業化や高度化が進むにつれて勝利や記録の

樹立といったものにスポーツの最大の価値を求める傾向が強まり,「マン」という勝利を収めた特定の個人やチームに限定する価値感に偏重してしまっている.

わが国は,物質的な豊かさとともに長寿化,高齢化が進み,超高齢社会となっている.肉体的なピークは人生のかなり前半の段階で迎えており,むしろ人生という長いスパンでスポーツを考えた場合,スポーツの価値やスポーツを行う意味は,チャンピオンを目指すことだけにあるわけではないことは明らかである.人種,性別,障がいの有無や程度,世代のような区別や区分を超えてスポーツは享受されていくことが,現代社会のノーマライゼイションを目指す視点にも適うであろう.社会を構成するそれぞれが,互いの幸福と利益を最大限に保障し合う考え方として,「競争」の原理の中で培われた「スポーツマンシップ」だけでなく,「共生」という原理を伴う「スポーツパーソンシップ」という精神性が時代に求められている.

参考文献

阿部生雄『近代スポーツマンシップの誕生と成長』筑波大学出版会,2009年.
梅垣明美「スポーツパーソンシップ」中村敏雄・高橋健夫・寒川恒夫・友添秀則編『21世紀スポーツ大事典』大修館書店,2015年.
エリアス,ノルベルト『文明化の過程(上)――ヨーロッパ上流階層の風俗の変遷――』叢書・ウニベルシタス75,法政大学出版会,2010年.
友添秀則・近藤良享『スポーツ倫理を問う』大修館書店,2000年.
中江桂子「スポーツマンシップの起源――社会史的一考察――」『スポーツ社会学研究14』日本スポーツ社会学会,2006年.
広瀬一郎『スポーツマンシップを考える』ベースボール・マガジン社,2002年.
守能信次『スポーツとルールの社会学』名古屋大学出版会,1985年.

Chapter 5 スポーツと人間形成

　スポーツは，本来的には仕事や義務のように強制されるものではなく，本人の自由意志に基づいて行うものであり，それを行うこと自体が目的である．よって，スポーツをダイエットのために行うとか，健康のために行う，または，生計を立てるために行うといったような何かの目的のための手段として行っているとするならば，本来，自己目的的な行為であるはずのスポーツからみれば，派生的な姿である．このように考えるならば，スポーツを通して人間形成を意図することもまた，派生的な姿といえよう．しかし，人間は家庭や学校，生活する地域など，環境，文化，社会の中で育まれていくのであるから，文化の一様態であるスポーツは，当然，人間形成にかかわることになるのである．

　現在，私たちが享受するスポーツは，時代背景や社会の様相によって様々な意味内容を持ち合わせる変容を遂げながら発展してきた経緯を持つが，現代スポーツの直接的なベースとなっている近代スポーツは，その成立の過程において，人間形成に役立たせようと意図して作られてきた部分が大きいことを知っておく必要がある．

　16世紀から19世紀に展開されたイギリスの近代化は，人々の心や身体，価値観や世界観を大きく変容させた．スポーツもこの時代の流れに合わせるように，それまでのスポーツの概念から大きく変容し，新しい時代に求められる人間を形成していくことを期待される文化として生まれ変わっていったのである．スポーツに人間形成を求める傾向は，近代スポーツ発祥の地であるイギリスがその牽引役を果たしながら世界各国に広がっていったが，わが国においては，明治期以降の近代化の動きと伝統的な武士道精神とが相俟って，スポーツに人間形成を求める傾向が非常に強いことが特徴である．

1. 人間の可塑性

　人間は，初めから人間として完成して生まれてくるわけではない．誕生の瞬間は，他の動物と同じように，種としてのヒトという生物として生まれてくるのである．ウシ，ウマ，シカ，ヒツジなどの草食動物は，生まれると直ちに目が開いて起き上がり，しばらくすると立ち上がり，生後1～2時間で歩けるようになる．生後第1日目から運動可能になり，母親の後について歩き，走り回るようになるなど，かなり完成した形で生まれてくるのである．生まれてすぐに立ったり食べたりできる運動能力を持っている動物は，母胎内で胎児の間に身体器官や感覚神経系の構造をより速く発達させており，生まれてすぐの段階で成体に近い身体機能を備えている．しかし，ヒトの赤ちゃんは，生まれても立つどころか自分の体も思うように動かせず，食事・排泄など生きていくための基本的な部分も誰かに頼らなければならないように，成体に近い身体機能も言語機能も備えていない．生後1年近く経って，ようやく歩行を始め，言葉らしいものを介してコミュニケーションを試みたり，意志表示らしきものを表現したりするようになるのである．

　ヒトは動物学的観点から見た場合，他の哺乳動物の発育状態に比べて約1年未熟な「生理的早産」の状態で胎外に誕生すると言ったのは，スイスの動物学者であり人類学者のA. ポルトマン（Adolf Portmann 1897-1982）である．ヒトは他の高等動物と比べても，先天的に身に付けている能力が少ない上に，身体の発育も遅く，乳児期は「子宮外胎児」と呼ばれるほど個体としては未完成なのである．

　では，ヒトはどのようにして人間になっていくのであろうか．ヒトは独立した個体として最低限の感覚や運動機能を獲得するまでに，1年近くの時間を要し，1人の人間として自立的な存在になるには，15～20年近い歳月が必要となる．しかしこれは一方で，他の動物にはない可塑性（＝いかようにも形が変えられる可能性，学習可能性）・適応性という能力を秘めているということでもある．人間は，先天的に本能が弱いからこそ特定の環境に縛られない．だからこそ人間は，後天的に獲得した自分の力で自分が生きる新しい世界を創り出せるのであ

る．つまりヒトは，外界に出てからの様々な環境の変動を感知し，それに対応して自己の在り方を創造していく感性を有する存在なのである．この「可塑性」こそが，ヒトが人間として生きるための「人間形成」の鍵なのである．人間は未熟な状態から成熟しなければならない部分を大きく残した可塑性に富んだ存在なのであり，圧倒的に白紙の部分が多い状態でヒトは生まれてくるということである．そして，そこに環境，教育，文化などを描き加えていくことによって，人間になっていくのである．

人間が生理的早産によって生まれてくる原因は「脳の巨大化」と「能力発達・人格形成の可塑性」にあるといわれるが，より根本的な理由は，言語・知能・コミュニケーション・感情などの「人間の基本的能力」の発達に関するものである．これらの能力を発達させるに当たっては，他者のいない閉鎖的な母胎内では完結できないのである．人間の精神の発達や性格の形成という人格の大部分は，「母胎内」ではなく出生後の「外部の社会」において展開していくことになるが，順調な心身発達・性格形成のために極めて重要な役割を果たすのが親子，家族による家庭環境であり，さらに加えて学校や社会などの家庭外の人間関係による社会環境なのである．人間の精神（性格・人格）や能力（知性・感情）の可塑性を最大限に発揮するためには，文化，教育，環境における人間関係が必要不可欠であるが，こういった面を複合的に凝縮した形で顕れるスポーツは，人間形成にその役割を果たすものとして大いに期待されるのである．

2. 人間らしさの獲得

人間の可塑性については，人生のどの段階からでも始めることが可能であるが，特に乳幼児期に親や家族，社会が積極的にその発育発達に関わらなければ，人間の精神発達・知的活動のレベルは自ずから低いレベルに留まることになる．その実例としてよく知られるのが「アヴェロンの野生児」である．

1799年の秋，フランスのアヴェロンの森で，推定11,12歳の男児が保護された．当時，フランスでは教育思想家のルソー（1712-1778）の「子どもに自然の善性を認め，文明社会によって歪められない自然人の理想を目指し，文明社会の悪影響から守り育てる」という考え方が広く支持されていた．子どもの本来

の素質を信じ，その主体性を尊重して自然に育てば善なるものに成長するという考え方である．人々は，ヴィクトールと名付けられた野生児に対して，ルソーの著書『エミール』の著書に登場する「崇高な自然人」の姿を期待したが，6年間の教育を受け，幾分人間的特性を取り戻した部分もあると言われながらも，言葉はほとんど話すことができず，人間としての感情や行動は何1つ表現できないままであったという．この例からもわかるように，ヒトは，その誕生の瞬間から自然環境の中に生まれ落ちただけでは人間になれないことを示しているといえよう．そして，ヒトが人間形成していくためには，人間の諸経験が蓄積されて創られた多くの「文化」というものを身に付けるための機会もまた重要だということなのである．そして，その機会は人間の完成を目指している早い段階，つまりは未完成部分の多い乳幼児期であるほうが，人間形成の可能性は広がりを持つといえるであろう．年齢とともに個体の完成に近づくと変えることは難しくなるが，未完成の段階であれば，完成形は決まっておらず，環境や教育の機会，文化の受容によって自分自身を様々な方向に形成していけるからである．

　カントが『教育学講義』で「人間は教育によってのみ人間になることができる．人間とは教育が創り上げたものに他ならない」と述べたように，「ヒト」は生まれ持っている潜在的な諸能力を引き出すことなしに「人間」にはなれないのである．「ヒト」は，環境，教育，文化などの人間が自ら創造，継承してきた様々な文化的営為を受けなければ，「人間」としての営みが全うできないということである．「ヒト」が未成熟な状態で生まれてくるということは，生まれた世界で必要とする人間の諸能力を，他者との関係によって身に付けうる可能性を秘めてこの世に生まれてくるということである．

3.　人間形成とは

　古代ギリシャの哲学者アリストテレスは「人間は社会的動物である」と言っている．しかし，ここでいう「社会」というものは，ただ他の動物と同じように群れているということではない．人間にとって「社会」とは，他者の存在を認識するところであり，自分という存在を理解する上で必要不可欠なものなの

である．なぜならば，人間は他人がいなければ，自分の存在や自分自身のことについてもなかなか把握できないからである．このように人間は，社会の中で大なり小なり関係性を前提に生きている．

　人間形成は，概していえば，人間が社会の一員に相応しい，しかも個性豊かな人間をつくりあげていくことである．これは単に精神性の問題ではなく，生身の人間において機能している緊密不利な関係にある精神と身体の問題として捉えなければならない．しかし，一言に人間形成といっても，その目指すべき人間像とは，どのような精神性・身体性を理想とすればよいのだろうか．私たちの理想とする普遍的な人間像を明確にすることは，そう簡単にできることではない．

　特に思想レベルでは，時代，社会，国家などの違いによって求められる人間像は異なるであろうし，道徳やマナーについても，その人たちが生活する習俗，慣習が異なれば，当然良いとされる行為や行動様式も異なり，またそこで求められる人間像も自ずと違ってくるからである．しかしながら，私たちの内面的な精神性からくる良心や正直，親切といった倫理観や努力，向上心，探究心などは，国や時代，人種を超えて，ある程度普遍的に求められる精神性といえるであろう．

　本来的に価値観というものは統一できるものではなく，またされるべきものでもないが，現代社会のように価値観が多様化している社会では，1つの理想的人間像を明確にすることは，甚だ難しいといえるであろう．

4．スポーツによる人間形成

　文化の一様態であり，人間の積極的な活動であるスポーツは，その中に社会的に人間を形成していく契機や機能が組み込まれている．当然，人間形成に期待されるところも大きい．一般的に，スポーツが人間形成に寄与すると期待される精神的な内容には，大きくわけて，個人的精神性と社会的精神性の2つに分けることができる．

（1）個人的精神性

スポーツは，その実践を通して個人の内面的な精神性を強化し，また深化させることが期待される．スポーツにおける様々な場面では，状況に応じた的確な判断力や集中力，調整力などが求められ，試合やゲームなどのより実戦的な場面では，より一層これらの能力が凝縮した形で求められるため，心理的側面の強さや安定が必要とされる．そのため，スポーツでは日ごろの克服的な練習やトレーニング，鍛練などを通して，自信や忍耐力，気力，根性などの意志の強化が図られる．さらには，自らの身体を通して身体運動技術を追求する姿勢は，物事を追求する態度や創意工夫する能力を培うことにも通ずる．

（2）社会的精神性

スポーツ活動においては，チームスポーツに見られるプレーの中だけでなく，陸上，水泳，体操のような個人種目であっても，学校の部活動やクラブなどで，組織の一員として活動を経験することは，社会的精神性を育む機会となる．

たとえば，相手チームやライバルに燃やす競争心，チームメイトに抱く連帯感，同じ団体の中でルールを守ろうとする態度やマナーを大切にする心，自分の所属する団体やチームにおける自分の役割や立場の理解，責任感などは，社会で生きる人間にとって社会性や協調性，積極性や主体性を身に付ける絶好の場面である．

5. スポーツによる人間形成の問題点

スポーツが私たちの人間形成にとって大きな影響や可能性を持つことは確認できたが，実際問題，スポーツを行う者が必ずしも素晴らしい人格を備えているとは限らない．あのオリンピックで金メダル取った人が……，プロ野球のあのトップ選手が……，というような事件や社会的な問題で名前が上がったスポーツ選手はかなりの数に及び，世間からも否定的に捉えられることも多々見られる．なぜならば，スポーツには様々な要素が含まれており，スポーツによる人間形成の可能性は「諸刃の剣」であり，素晴らしい方向へ向かう可能性もある一方，1つ間違えば途轍もなくマイナス方向へ作用する可能性もあるから

である．特にスポーツの競技的側面だけが強調されすぎると勝利至上主義となり，人間形成という観点から見た場合，マイナス方向へ働く可能性が増大する．勝利の価値を否定しているのではない．勝利の価値のみを極端に評価することに問題があるのである．勝利を志向する傾向が強くなりすぎると，勝利や厳しい練習や訓練で得た自信が，やがて過信や慢心につながることも多い．また，組織的に民主的な統制のとれている組織では，組織に属する個々人の人間形成にプラスに働くことが多いが，組織があまりにも封建的なピラミッド型になってしまうと，隷属的な主体性のない態度を身につけてしまうおそれが強くなるであろう．

スポーツの歴史をたどると，様々にその意味内容が変容してきたが，スポーツの意味するところは，その時代その時代を反映する概ね1つの概念でまとめられるものであった．しかし，現代のスポーツは，最も原初的な意味をもつ「遊び」としてのスポーツ以外にも，人間的な成長や発達を期待する「教育」としてのスポーツ，社会の経済的な活動と密接に結び付いた「商業」としてのスポーツなど，様々な様態や意味内容が複雑に共存しており，それぞれに目的化し，どこまでもスポーツの概念が広がっていく様相を呈している．これらを全て「スポーツなのだ」と言ってしまうのは簡単である．しかし，スポーツによる人間形成を考えるとき，どのようなスポーツを通して人間形成を実現するかという問題は，どのような内容，性格を持つスポーツを行うかという問題に直結するのである．当然，チャンピオンシップこそがスポーツの最も尊い価値であるというスポーツ観でスポーツを享受していれば，どんな手を使っても自分がチャンピオンになれば良いという人格へ向かう可能性は高くなるであろう．人と競わなくても楽しむ時間こそが大切だと思えば，精神的には豊かになろうが，切磋琢磨して自ら磨く向上心や努力，探究心，克己などの精神性は，あまり開かれていかないであろう．

人間形成は，人間の一側面だけを変えていくことではないから，現代社会に見られるような，どんな手段を使っても勝利こそに価値があるというような側面だけが強調されたスポーツや商業的な要素が背景にあるスポーツの価値を通して子どもたちの人間形成に資するとするのは早計であろう．

6. スポーツによる人間形成の可能性と展望

　人間は，様々な学びの方法や機会を持っているが，そのうちの1つであるスポーツは，その前提に身体的経験がある．スポーツのように，自ら実践したことからは，学校の授業などの教科システムで得られる知識の多くには限界があることを知り，表層的なものでしかないことが確認できるのである．スポーツの世界では，そこで起きる身体的経験という事実によって，自分が獲得したと思っている知が，経験とともに変化することを知ることができる．身体的経験としてのスポーツという視点を通して人間形成の可能性を考えるときに取り上げなければならないのが，感性の問題である．感性は，環境の変動を感知し，それに対応して自己の在り方を創造していく価値に関わる能力であり，人間形成の中で期待される倫理的な精神性の獲得は，感性による身体的経験によって，より良い生き方を求めていくことといえよう．

　いずれにせよ，人間形成という問題は，最終的には本人の問題に帰するのであり，どのようなスポーツをどのような態度で行うのか，またそれをどの程度行っていくのかによって異なってくるのである．スポーツ活動を限定された視野で捉えるのではなく，人間の営みの一貫として捉えれば，楽しむとか勝利を得るといったスポーツそのものの目的だけではなく，全人的に，より良く生きるという，上位レベルの目的が各々のスポーツ実践者の心の中に鮮明になってくるであろう．

参考文献
アリストテレス『政治学』山本光雄訳，岩波書店（岩波文庫），1961年．
江田昌佑監修，二杉茂・前林清和ほか編『スポーツ学の視点』昭和堂，1996年．
カント『教育学講義 他』伊勢田耀子訳，世界教育学選集60，明治図書出版，1971年．
ポルトマン，アドルフ『人間はどこまで動物か——新しい人間像のために——』高木正孝訳，岩波書店（岩波新書），1961年．
前林清和『Win-Winの社会をめざして——社会貢献の多面的考察——』晃洋書房，2009年．

Chapter 6　スポーツとルール

1. スポーツにおけるルールの歴史

　すでに，古代エジプトの時代，宮廷においてダンサーによるショースポーツが楽しまれ，王侯貴族が優れた戦士になるための身体訓練の方法も開発されていた．紀元前2050年頃のベニ・ハッサンの墓の壁画にはレスリングの試合122組が描かれている．このほか，弓，ボクシング，フェンシング，戦車競走，ボールゲーム等が描かれている．

　古代ギリシャでは，汎ギリシャ祭典競技がいくつも行われていた．その中でも特に有名なものに古代オリンピックがある．古代オリンピックは，4年に1度開催される当時最大級の競技会，祭典であり，紀元前776年（第1回大会）から紀元393年（第293回大会）の間1200年近くも続いたのである．種目としては，競走（短距離），ディアロウス競走（中距離），ドリコス競走（長距離），ペンタスロン（五種競技），レスリング，ボクシング，戦車競走，パンクラティオン（総合格闘技）などが行われた．古代オリンピックは，ギリシャ各地から選手が参加し，大会の時期に戦争が行われていても大会の期間，およびそれに先立つ移動の期間，合計3カ月ほどをオリュンピア祭のための休戦期間に挙げるほど本格的に行われ，プロ選手が参加して，優勝を目指した．したがって，相当厳格で，統一的なルールが存在していたと考えられる．

　中世のヨーロッパ（5～15世紀）は，封建制度のもと原則として庶民のスポーツは禁止され，乗馬，剣術，水泳，跳躍などの騎士スポーツは武勇と気品の鍛錬のために行われていた．しかし，実際は庶民の間でもフォーク・ゲームが行われており，多くの場合，国も黙認していたようである．これらフォーク・ゲー

ムは厳密なルールはなく，しかもその地域だけのルールであり極めてローカル性の高いものであった．しかも，ルールは相手を殺してはいけない，というだけのものもあり，極めて血の気の多い競技で，怪我人や死者がでることも多々あった．

　近代に入ると，市民革命と産業革命によって封建制度が打破され，市民社会を基盤とする国家が形成され，法のもとの自由・平等を目指すようになった．その中でスポーツも血を見るような感情をむき出しにして戦うものから，近代ヨーロッパの合理主義的な発想によって整備・統一されたスポーツへと変貌していった．そして，国や民族，宗教を超えてルール，施設，用具，マナーを共有するようになった．

　特に，イギリスのパブリックスクールでは，スポーツを教育の一環として重視し，大学においてもケンブリッジ大学とオックスフォード大学の対抗戦などの試合がさかんに行われるようになると統一ルールが必要となり，多くのスポーツでルール化が進んだのである．さらに，イギリスのスポーツは，植民地主義や帝国主義的拡張にともなって，世界に伝播していった．また，アメリカでもベースボールやアメリカンフットボール，バレーボール，バスケットボールなど独自のスポーツが考案されルールが制定されて盛んに行われた．一方，フランスのクーベルタンによって提唱され，開催されるようになった近代オリンピック競技会の興隆により，スポーツが世界の表舞台にたつようになった．

　このような経緯を経て，現代のスポーツは，それぞれの競技において世界レベルでルールが制定され，国を超えて多くの競技会が開催されるようになったのである．

2. スポーツルールの機能

　ルールがないとスポーツは成立しない．スポーツルールは，種々のスポーツの目的を達成するために定められた約束事である．したがって，その目的を実現するために機能している．

（1）普遍性の確保

ルールによって時間的にも空間的にも，ある程度の普遍性を得ることができる．つまり，ルールがあるからこそ，どこで試合をしてもサッカーの試合が成立するのである．どこのチームと試合をやっても，誰とどこでやろうと11名対11名で闘い，キーパー以外は手を使わずにボールを操作し，ゴールは1点と決まっているので，他国のチームとも試合ができる．また，100メートル走は，どこの競技場で誰が走ろうと，世界中のタイムを比較して，世界記録として認定することができる．このようにルールがあるから，それぞれの競技が普遍的に行えるのであり，記録を比較することができるのである．

（2）法的安定性の確保

ルールは，法として機能し，スポーツ競技を秩序あるものとして維持する機能を持つ．ルールによって何をしてよいか，してはいけないかということが規定されていることで，それぞれのスポーツ種目の行為の枠組みが形成されるのである．これは，道徳的な立場によるものではなく，そのスポーツを行う人々の合意に基づいた宣言であり，それぞれのスポーツの魅力を保つための機能とも言える．たとえば，バスケットボールは，ボールを持って2歩以上は歩けないから，面白く魅力的なのであり，バスケットボールをバスケットボールたらしめているのがルールの法的安定性の確保によるものである．

（3）正義の実現

ここでの正義とは，社会の成員が法的に平等であることを意味する．

そして，正義を実現させるために，ルール（法）を破った者に対しては法的な制裁が与えられる．スポーツにおいてもルールを破った者には，その破った内容によって，正義を実現するためにペナルティが科せられることになる．正義には，大きくわけて，「平均的正義」と「配分的正義」がある．平均的正義とは，たとえば私法と言われるもので，民法の規定で人間を全て平等の存在とみなし，人に損害を与えた者は被害者に対して損害賠償をする義務が生じるというものである．しかし，スポーツの場合，この私法的なルールは採用されていない．なぜならば，被害を受けた方が審判に訴えるということを認めていな

いからである．スポーツで，使われている正義は，公法的ルールとしての「配分的正義」である．これは，刑法や行政法などがその例となる．つまり，社会秩序，国家秩序を破ったことに対する罰である．スポーツの場合，たとえばラグビーのハイタックルなど相手に被害を与えた場合はもちろんのこと，ノッコンやスローフォワードなど相手に直接被害を与えたわけではないが，それを守らなければラグビーというスポーツが成立しないということから，ラグビーの秩序を守るための正義の執行としてのルールである．スポーツのルールによる正義は非常に厳密なものであり，一般社会のそれよりも厳格といえよう．

（4）面白さの保障

スポーツルールの最も重要な機能であり，法的安定性の確保や正義の実現の根底をなすものとして，面白さの保障がある．この面白さという価値は極めて主観的で客観的根拠があるわけではない．しかし，スポーツルールには，絶対的な必然性のもとに決められているルールはほとんどない．スポーツを行う人々の暗黙の合意で得られた慣習や話し合いをもとに明示化されて決められたものである．つまり，こうすれば面白いということで定められてきたのである．たとえばバレーボールはボールを持たずに弾くと決められている．これに何の必然性もない．しかし，そのルールによって皆が楽しくボールを弾き合うことができるのである．これはスポーツの本質に深く関わっている機能である．つまり，ゲームを行ったり観戦したりすることで自然とこみあげてくる面白さを保障することがルールの最大の機能である．

（5）安全性の確保

スポーツルールは，安全性の確保としての機能がある．特に，危険を伴うスポーツほどその機能が不可欠である．ボクシングや武道，あるいはラグビーなどは日常社会ではやってはいけない行為ばかりである．たとえば，人を殴るとか，人を投げるとか，竹刀で打つとか，タックルするといった非常に危険な行為をする．したがって，その分，その危険な行為によって相手にけがをさせないギリギリのレベルでのルールが厳格に決められている．また，アメリカンフットボールや剣道などで身を守るための道具を付けることも安全性を確保するた

めのルールと言える．

（6）人格形成への期待

スポーツルールは，選手の人格形成に有効に機能することを目的として決められていることがある．たとえば，剣道では，有効打突後の言動によってはそれを取り消すルールがある．具体的には，一本を取った後にガッツポーズをすれば，その有効打突は取り消されてしまう．その理由は，敗者の前でガッツポーズをすることは思いやりのない礼節にかけた行為とみなされるからである．

3. スポーツルールの構造

スポーツルールの構造は，次のような要素によって構成されている．
「マナー」に関係するものと「形式」に関係するものにわけることができる．

（1）条理的行為規範

条理とは，物事の道理とか筋道ということであり，社会通念や公序良俗，信義誠実などを意味する．つまり，明文化されてはいないが，人が社会のなかで守ることが望まれる心性である．したがって，条理的行為とはその心性に基づいて行動することである．スポーツの場合，その多くがフェアプレーやスポーツマンシップ等の精神性に基づいた倫理・道徳的な性格を持つ規範であり，スポーツルール全体を支える暗黙裡の規範である．たとえば，人種や民族，肌の色とは関係なく，さらに相手が強くても，弱くても，相手の人権と尊厳を尊重し，礼儀正しくふるまう，あるいは相手がプレー中に怪我をしたり，試合続行が不可能になった場合に，手を差しのべるといった行為である．これらは，ルールブックには具体的な形として盛り込みにくいが，スポーツ選手が試合の場で遵守すべき規範である．

（2）刑法的行為規範

社会において刑法で犯罪と言われるものは，反道徳的・反社会的行為であり，相手に被害を与えたため処罰されるべき行為である．スポーツの場面において，

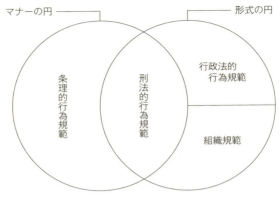

図6-1　スポーツルールの構造
出典：守能 (2007).

この犯罪に類する行為を諫めるためにあるのが刑法的行為規範である．つまり，競技中に相手選手に具体的な損害を与え，あるいは与えようとする行為を禁止する規範であり，罰が与えられる．たとえば，バスケットボールにおける身体接触やサッカーの肩以外によるチャージングなどがある．ただし，日常生活では，絶対にゆるされない，殴ったり蹴ったりする反道徳的行為が，スポーツでは必ずしも禁止されるとは限らないし，反道徳的行為でもない．たとえば，ボクシングのパンチや空手の蹴り，アメリカンフットボールのタックルなど，各々種目ではお互いがそれを行使することを認め合っており，競技としても1つの技術として確立している．つまり，スポーツの場合の刑法的行為規範は，各々のスポーツの特性の枠組みの中で独自に規定された規範である．

（3）行政法的行為規範

行政法上の規定とは社会を秩序立てるために定められた規定であり，そのこと自体が道徳的な内容ではない．したがって，その行為に反するからと言って直ちに反道徳的・反社会的行為ということではない．ただし，決められた規定に違反することで，社会秩序を乱すということになるために反道徳的・反社会的な行為とみなされるのである．たとえば，わが国では車は左側通行をしなければならないが，左側を走らなければならないという道徳的意味はない．アメ

リカでは車は右側通行である．ただ，日本では，社会秩序を確保するために左側と定めただけである．しかし，決められたことは，守らなければならないということである．これが，行政法的行為規範である．スポーツの場合，各々スポーツ競技を成立させ，スポーツの面白さや魅力を確保するために定められたルール，たとえばバスケットの3秒ルールやバレーのタッチネットなどがそれにあたり，相手に実害を与えたわけではないが，違反となるのである．

（4）組織規範

　組織規範とは，公的機関の構成など，たとえば国会の両院制や裁判制度の三審制などを規定した規範のことである．これをスポーツ競技に当てはめれば，試合の際の勝敗や優劣の決定方法の競技条件の認定方法やコートの広さやゴールの大きさ，試合時間，得点の方法，ボールの大きさなどがあげられる．これは，選手が違反するとかしないとかという問題ではなく，組織としてそれを決定し，設定するものであり，試合の際に自動的機械的な形で適用されるものである．

4．ルールを守る心

　スポーツのルールは，種々のスポーツ種目を成り立たせ，本来的にはスポーツの面白さを確保するために機能している．したがって，スポーツのルールそのものは，スポーツ参加者たちが，いつ，どこでも同じように秩序だって面白く行えるよう便宜的に決められたものであり，法律などのように必ずしも倫理・道徳に根ざしたものではない．言葉を換えれば，日常における倫理・道徳によって秩序立てられた時間空間ではなく，非日常の面白さや魅力によって秩序立てられた時間空間であり，ルールもそれを実現させるためにある．しかし，スポーツに参加する以上は，そのルールを守るということに倫理・道徳的な意義がある．

　スポーツでは，スポーツマンシップとかフェアプレーの精神を持つことが大切であるといわれる．この精神性は，相手をリスペクトし，ルールをリスペクトし，審判をリスペクトすることに他ならない．その一環として，われわれは

主体的自主的にスポーツルールを守ることのすばらしさを知り，ルールをリスペクトし，その範囲での勝利を求めてきた．しかし時に，勝利を追求するあまり，この精神が破られることがあるが，スポーツに参加する者は基本的に，次のことを自覚すべきである．

 ① 審判に見つからなければルールに違反してもよいというのではなく，ルールを守るのは自分自身である．
 ② ルールには常に抜け道があるが，面白さや楽しさといったスポーツの本質をこわすような行為はしない．

参考文献
江田昌佑監修，二杉茂・前林清和ほか『スポーツ学の視点』昭和堂，1997年．
身体運動文化研究会編『スポーツと健康』道和書院，2000年．
守能信次『スポーツルールの論理』大修館書店，2007年．

Chapter 7 スポーツとビジネス

1. 成長産業としてのスポーツビジネス

　2019年ラグビーワールドカップ，2020年東京オリンピック，2021年にワールドマスターズゲームズ関西と，数年後に日本でメガスポーツイベントが続々と開催される．こういったスポーツイベントに対する注目度が上がる中で，期待されているのがスポーツ市場の拡大である．そのような背景もあり，現在，成長産業の1つとしてのスポーツビジネスが期待されている．スポーツ庁が出した『スポーツ基本計画』(スポーツ庁HP) の (2) スポーツを通じた経済・地域の活性化① スポーツの成長産業化で，「スポーツ市場を拡大し，その利益をスポーツ環境の改善に還元し，スポーツ参画人口の拡大につなげるという好循環を生み出すことにより，スポーツ市場規模5.5兆円を2020年までに10兆円，2025年までに15兆円に拡大することを目指す．」と記載されている．減少傾向にあるスポーツ市場を，2020年東京オリンピックを契機に，現在の2倍や3倍の市場に拡大することを目標値として設定したのである．

　具体的に，どのようなものがスポーツビジネスとして挙げられるか．もっともわかりやすい市場は，プロスポーツリーグを取り巻く環境だろう．野球やJリーグなどのプロスポーツリーグをメディアで放映する放映権料のその1つであるし，試合を見るためにチケット代を払って試合観戦に行くのも，それである．各球団が作って売り出すグッズや選手が何らかの商品やサービスに係って宣伝活動をすることも，スポーツビジネスの1つと言えよう．このように，スポーツビジネスは様々な場所で既に見かけているのだ．しかし，欧米諸国に比べると，その市場規模はまだまだ小さい．したがって，日本におけるスポー

ビジネスは，これからの日本経済の中での有望産業として期待されているのである．

2. スポーツイベントの類型

ここでは，スポーツイベントを「開催規模」や「製品形態」について，齊藤(2017)からまとめる．

（1）開催規模
スポーツイベントを，主催している団体の規模によって分けたものが，以下の4類型である．
　ア．国際型
国際統括団体が開催しているスポーツイベントを指す．たとえば，国際オリンピック委員会（IOC）や各種スポーツの国際競技連盟（たとえば，FIFA：国際サッカー連盟やIAAF：国際陸上競技連盟）である．また，それら統括団体が開催する大会であるオリンピックやFIFAワールドカップ・世界陸上が，この国際型の大会に属する．ただし，主催は統括団体であるが，実際にイベントを運営する組織はその都度，開催地で大会組織委員会などが結成され，実務に当たることが多い．2020年東京オリンピックへむけては，東京オリンピック・パラリンピック競技大会組織委員会が実際の大会開催へむけての準備や運営を担っている．
　イ．全国型
国内統括団体が開催しているスポーツイベントで，国内統括組織である日本体育協会（2018年4月から日本スポーツ協会）や各種スポーツの国内競技連盟（日本サッカー協会や日本陸上競技連盟など）である．日本国民体育大会や天皇杯全日本サッカー選手権大会・日本陸上競技選手権大会などが該当する．もちろん，他にも様々な大会を主催している．なお，国際型と同じく，大会が開催地を変えて実施されることが多く，その都度編成される運営組織に実務が任されることとなる．

ウ．地方／地域型

これに該当するスポーツイベントとして挙げられるのが，地方ブロック大会や都道府県大会・市区町村大会などが該当する．統括団体も，各地域や地方にある各種のスポーツ統括団体等が運営することになる．たとえば，全国高校総体に出場する予選として開催される，各都道府県でのインターハイ予選大会は，ここに準ずる．

エ．単独型

名前のとおり，学校や町内会による独自開催で開催されるスポーツイベントである．学校で行われる運動会や体育祭，町内運動会などがこれに該当する．このイベントは，各学校や各町内会が単独で企画・運営を行い，実施されている．

続いて，開催されるイベントの内容で分けることができる「製品形態」による4分類について挙げる．スポーツイベントによっては，効果的な集客を目的に，4分類のいくつかにまたがっている場合もある．

（2）製品形態

ア．競技会型

これは，競技を通して勝敗を争う大会イベントである．様々なスポーツ種目において，2チームが勝敗を競ったり，多くの競技者が参加して順位を決めるようなイベントが挙げられる．マラソンブームを引き起こした各地のマラソン大会も，これに該当する．競技者のレベルは関係なく，勝敗を競ったり記録を追及したりする形式であれば，競技会型に分けることができる．

イ．興行型

プロ野球やJリーグといったプロスポーツに代表されるような，観客に見せるためにスポーツ競技をする大会は，これに該当する．プロレスや相撲などの格闘技スポーツも，興行型で開催されている場合が多い．したがって，観客はスポーツ選手が繰り広げる熱戦を観戦するために，チケット代を支払う．現在のスポーツビジネスで，もっともイメージしやすい種類の製品形態である．

ウ．フェア型

生涯スポーツとして，様々なスポーツを体験したりできるイベント形態のことを指す．スポーツの普及活動の一環として，子どもたちを対象にしたイベン

トも多い．また，競技会型や興行型との同時開催で，集客を増やすためにも活用されることがある．多くの人が新しいスポーツ等を手軽に体験できる機会としても，重要である．

　エ．　見本市／展覧会型

　スポーツ用品や製品を，陳列や展示をしたりデモンストレーションしたりするイベント形態のことを指す．スポーツ業界における，新しい用品や製品・サービスが一同に集まるため，多くのスポーツ関係者が集まる場でもある．また，都市型市民マラソン大会では，「マラソンEXPO」と呼ばれるマラソン関連用品や体験ブースなどが多数集められた展示会形式のイベントが，大会前に開催されている．

3．　スポーツイベントとしての都市型マラソン

　ここでは，スポーツビジネスの中でも都市型マラソンに焦点を置き，都市型マラソンの開催概要について説明する．まず重要になってくるのが，都市型マラソンがどれくらいのお金が動いているビジネスなのかを知る必要がある．それをまとめたのが，**表7-1**である．これは，大阪市が公表している，大阪マラソン組織委員会に対して行った監査報告書（大阪市HP「平成27年度財政援助団体監査等結果報告の提出について」）を改変して表にした．日本でもっとも規模の大きい都市型マラソンである東京マラソンと，大阪マラソンを含めた関西圏の都市型マラソンである京都マラソン・神戸マラソン・奈良マラソンを取り上げた．

　2014（平成26）年度の開催日であるが，10月開催の大阪マラソン，11月開催の神戸マラソン，12月に奈良マラソン，翌年2月に京都マラソンが開催され，その1週間後に東京マラソンが開催される．例年，このような流れで都市型マラソンが開催され，できるだけ日程が重ならないように設定されている．なお，2017年度から大阪マラソンは11月下旬開催になった．今後，神戸マラソンと大阪マラソンが連続で開催されるような形になる．

　また，定員は東京マラソンがもっとも多く，3万6025人（8.47倍）となっている．次が大阪マラソンの3万人（4.85倍），神戸マラソンの2万人（4.33倍），京都マラソンの1万6120人（3.82倍），奈良マラソンの1万7500人（1.08倍）と

表7-1 関西開催の都市型マラソンの事業経費

	東京マラソン	大阪マラソン	京都マラソン	神戸マラソン	奈良マラソン
2014（平成26）年度 開催日	2月22日	10月26日	2月15日	11月23日	12月13日・14日
定員	3万6025人	3万人	1万6120人	2万人	1万7500人
エントリー者数	30万5025人	14万5473人	6万1523人	8万6516人	1万8865人
倍率	8.47倍	4.85倍	3.82倍	4.33倍	1.08倍
沿道観客数	153万人	130万人	50万人	61.6万人	1.6万人
同時イベント集客	10.3万人	11.9万人	3.6万人	6.5万人	9万人
2014（平成26）年度決算 事業収入額 事業支出額	28億7491.1万円 28億7363.7万円	13億8879.5万円 13億8797.2万円	6億3722.0万円 6億3722.0万円	6億4574.1万円 6億4154.4万円	3億576.2万円 3億8439.8万円
うち、行政負担金額	東京都 1億3873.9万円	大阪府 9000万円 大阪市 9000万円 合計：1億8000万円	京都市 1億450.8万円	兵庫県 5670.8万円 神戸市 5640.0万円 合計：1億1310.8万円	奈良県 8100万円 奈良市 2500万円 天理市 300万円 合計：1億900.0万円
出走者1人当たり事業支出額	8万276円/1人	4万3400円/1人	3万9247円/1人	3万3103円/1人	1万7046円/1人
出走者1人当たり行政負担金額	3876円/1人	5628円/1人	6437円/1人	5836円/1人	6533円/1人

出典：大阪市HP「平成27年度財政援助団体監査等結果報告の提出について」より引用改変。

なっている．（　）内に示した数字は申し込み人数から計算した，当選倍率である．やはり，東京マラソンの当選倍率は他の大会から飛びぬけて高い．日本最大規模の大会であることが，その原因の1つだろう．ちなみに，2017年度の当選倍率は12.19倍であった．今もなお人気が高く，出走権を得ることすら難しいのが東京マラソンである．その他の都市型マラソンは，概ね4倍前後となっている．当選倍率の高さが，その大会の人気度や充実度を表しているわけでは決してない．実際に走ってみなければわからない魅力や良さがあるのは間違いないが，大会の人気を見る目安の1つとして，当選倍率は未だに取り上げられることの多い数字である．なお，ここで取り上げたマラソン大会のうち，奈良マラソンだけは先着順での参加申し込みとなっている（申し込み開始日時が大会HPで公開され，その瞬間から申し込みができた人が，出走権を得られる仕組みである）．0.08倍の部分は，インターネット環境がない人のために，一部郵便振替での申込書による抽選が行われていることが理由である．

　沿道観客数は，東京マラソンが150万人，大阪マラソンは130万人，京都マラソンが50万人，神戸マラソンが61万6000人，奈良マラソンが1万6000人だった．上位2大会については，100万人以上を動員するような大規模イベントとなっている．また，奈良マラソンは市街地から離れたところを走るコースが多い特性上，他の大会よりもかなり沿道観客数が少なくなっているものと思われる．同時イベント集客数であるが，これは大会当日にコース上の様々な場所で行われているランナー応援イベント等のことを指す．もちろん，フィニッシュ地点で開催されるイベントも含める．東京マラソンや大阪マラソンは10万人程度，京都マラソンは3万6000人，神戸マラソンは6万5000人，奈良マラソンが9万人だった．奈良マラソンの集客数が多くなっているのは，大会自体が2日間にわたって開催されていることが影響していると考えられる．

　最後に，事業収入額である．東京マラソンが28億7491万円，大阪マラソンが13億8879万円，京都マラソンが6億3722万円，神戸マラソンが6億4574万円，奈良マラソンが3億576万円である．事業収入額には，参加費はもちろん，協賛会社からの協賛金，エキスポブース等の販売収入などが含まれる．なお，参加費であるが，京都マラソンは1万2000円，東京・大阪マラソンは1万800円，神戸マラソンが1万300円，奈良マラソンが8200円となっている．大阪マラソ

図7-1　奈良マラソン2017EXPO の様子
表に挙げた大会のうち，唯一外で開催しているエキスポ．立ち並んだテントには，協賛企業ブースの他に奈良の名産品やスポーツ用品が販売されたり，飲食屋台が出展されている．（筆者撮影）

ンでの参加費収入は，資料に3億7876万円と記載されている．したがって，総事業費の10億円近くが，参加費収入以外で賄われているのが理解できよう．なお，事業支出の内訳は，大阪マラソン開催事業費13億3798万円（うち，業務委託業者へ支払う委託料が大半を占めている），次回開催大阪マラソン開催準備事業費に2525万円，大阪マラソン組織委員会等運営経費に116万円，大阪マラソン組織委員会事務局運営経費に2356万円となっている．

　ちなみに，どの大会も事業収入として行政負担金額が事業収入として加えられている．東京マラソンでは東京都が1億3873万円，大阪マラソンでは大阪府と大阪市がそれぞれ9000万円ずつ，京都マラソンでは京都市が1億450万円，神戸マラソンでは兵庫県と神戸市が5600万円ずつ，奈良マラソンでは奈良県が8100万円，奈良市が2500万円，天理市が300万円となっている．東京マラソンは一般財団法人化した団体が運営しているため，他のマラソン大会と運営方式が少し異なるが，都市型マラソンは基本的に各行政が委員会形式で職員をスタッフとして派遣している場合が多い．したがって，都市型マラソンは，それぞれの行政が力を入れて実施されているイベントだということがわかる．それだけ，マラソンイベントが地域にもたらす様々な効果（経済効果や地域へスポーツへの関心の高まり，地域への帰属意識の醸成，等）が大きいと言える．

　最後に，ランナー1人あたりにかかる事業支出額について述べる．簡単に言えば，ランナーが1人，マラソン大会を走るためにどれくらいの費用がかかっ

ているか，という金額である．東京マラソンが8万276円，大阪マラソンが4万3400円，京都マラソンは3万9247円，神戸マラソンは3万3103円，奈良マラソンが1万7046円である．参加費用と比較すると，ランナー負担が少なく，都市型マラソンを走ることができているとわかる．

このように都市型マラソンは，行政だけではなく，企業（都市型マラソンでは特に各地の地元企業）やその地域のマンパワー（大会ボランティアの活躍）を使って，開催することができているイベントなのである．

4. これからのスポーツビジネス

これまで，スポーツビジネスが成長産業として期待されていること，そして，スポーツイベントの類形や，スポーツイベントとしての都市型マラソンを取り上げた．マラソン大会を例に挙げたが，他の分野においても，成長産業としての種はあちこちにある．近年では，スポーツツーリズムの分野も注目されている．ただ単に「物」に消費するのではなく，「体験」に消費する傾向は，今後もっと大きくなっていくだろう．

日本経済の低迷を打開する成長産業の1つとして期待されている，スポーツビジネス．東京オリンピック前後の一過的な成長で終わるのではなく，人々の生活を豊かにしてくれる重要な産業の1つとして，今後も長く緩やかに成長し続ける産業であってほしい．

参考文献

大阪市HP「平成27年度財政援助団体監査等結果報告の提出について」〈http://www.city.osaka.lg.jp/gyouseiiinkai/cmsfiles/contents/0000343/343521/28-17.pdf〉（2017年10月12日参照）．

齊藤隆志「4-1 スポーツイベントの類型とスポーツマネジメント」柳沢和雄・清水紀宏・中西純司編著『よくわかるスポーツマネジメント』ミネルヴァ書房，2017年，pp. 80-81.

スポーツ庁HP『スポーツ基本計画』〈http://www.mext.go.jp/prev_sports/comp/a_menu/sports/micro_detail/__icsFiles/afieldfile/2017/03/23/1383656_002.pdf〉（2017年10月12日参照）．

Chapter 8 スポーツとメディア

1. スポーツとメディアの関係

　今や，スポーツを語る際にメディアとの関係を無視することはできない．スポーツは，試合の予告や結果，あるいは選手の動向やチームの活動などを新聞やテレビ，インターネットなどで広く報道されている．一方，メディアスポーツという言葉もよく耳にするところであるが，その意味は簡単に言えば，メディアによって媒介され，スポーツ中継をはじめ一種の商品として作られたスポーツ情報およびそれを受け取る側の行動，さらにそれらの相互作用で生じた現象などのことである．このように，メディアはスポーツの普及に大きな力となっていると同時にスポーツがメディアの発展に寄与している．
　ところで，メディアには報道性と娯楽性がある．新聞は，報道性が高く，テレビは報道性と娯楽性を兼ね備えている．また，インターネットも報道性と娯楽性を兼ね備えたメディアと言えよう．

2. 新聞とスポーツ

　スポーツがメディアに大々的にとりあげられたのは，新聞がはじめである．スポーツは，新聞に取り上げられることで，拡大していったと言っても過言ではない．
　新聞が，スポーツに注目するのは，1895（明治28）年の日清戦争以降である．日清戦争によって戦争報道に注目が集まり，発行部数およびページ数が増えた．その流れで，スポーツ，特に野球が注目され，日本のスポーツ報道の中心的存

在となったのである．

　新聞にスポーツ記事が掲載されることは，スポーツにとって大きな宣伝効果がある．しかも無料の宣伝である．一方，新聞にとっても新聞の購読者拡大の効果がある．現在でも，一般紙では全国紙，地方紙を問わず，スポーツ欄は新聞の多くを占めており，時には7ページにおよぶこともある．1つの分野としては，政治よりも，経済よりも，国際よりも，新聞に占める割合はスポーツが一番多い．しかも，わが国では，「スポーツ新聞」というスポーツに特化した新聞がある．はじめてのスポーツ新聞は「日刊スポーツ」であり，第二次世界大戦直後の1946年に創刊された．その後，「スポーツ報知」「スポーツニッポン」「サンケイスポーツ」，「中日スポーツ」「デイリースポーツ」など多くのスポーツ新聞が相当の発行部数を確保している．その内容は，野球を中心としたスポーツ全般，公営競技，芸能情報，政界のスキャンダルなどであるが，全体としては報道よりも娯楽が中心の新聞であり，日本独特の新聞文化の1つである．

　一方，新聞とスポーツは，スポンサーシップの関係もある．新聞社は，スポーツの大会に資金を提供し，スポーツイベントを協賛したり，主催したりする．わが国で最も有名な新聞社がスポンサーの大会は，甲子園野球である．1915年，甲子園の夏の高校野球の全国大会は，『大阪朝日新聞』社（現在の朝日新聞社）が主催する「全国中学校優勝野球大会」（現在の全国高等学校野球選手権大会）として始まったのである．これは，野球大会を利用した新聞の部数販売戦略であり，実際に大阪朝日新聞の発行部数は飛躍的に伸び，東京朝日新聞の部数拡販にも影響をあたえた．野球と新聞社がつながったことで，朝日新聞の宣伝に貢献するとともに，高校野球の地位も確立し，それ以降全国的に盛隆していったのである．朝日新聞の成功を見て，1924年，『大阪毎日新聞社』（現在の毎日新聞社）が，春に「選抜中等学校野球大会」（現在の選抜高等学校野球大会）を開催し，こちらも大いに盛り上がった．結果として，朝日新聞と毎日新聞は，日本の2大新聞社となったのである．遅れをとった読売新聞は，アメリカの大リーグに注目し，1931年に大リーグのオールスターチームを招き，東京6大学の選手を中心とした日本代表チームとの間に第1回日米野球大会を開催し，1934年にも第2回を開催した．この日米野球大会は，興行的に大成功をおさめ，読売新聞の部数を一気に拡大させたのである．さらに，これを契機にプロチーム「大日本

東京野球倶楽部」(のちの読売巨人軍)を結成し，その後阪神をはじめ多くの球団が設立し，1936年に日本職業野球連盟が結成された．結果として，1931年の発行部数が22万部であったものが1939年には120万部へと大飛躍したのである．

また，野球以外でも，箱根駅伝が読売新聞，高校ラグビーは毎日新聞，高校バレーは産経新聞などがスポンサーとなっている．

このように，新聞とスポーツは，報道としても，スポンサーとしても戦前から現在まで深くつながってきたのである．

3. テレビとスポーツ

テレビにおいて，スポーツが取り上げられるのは，スポーツニュースとスポーツ中継がある．つまり，報道と娯楽・イベントとして取り上げられるのである．しかも，新聞よりその広告宣伝効果は，絶大である．

まず，報道としてみた場合，スポーツは，NHKをはじめ民放各社がゴールデンタイムのニュース番組の後半で，相当な時間を割いてスポーツコーナーを設け，その日のスポーツイベントの結果を報道している．さらに，NHKおよび民放各社で土日を中心に1時間前後にも及ぶスポーツニュースを放送している．しかも，試合の結果だけでなく，試合の解説やチームや選手の話題などを取り上げ，選手をスタジオに呼んだり，現地でインタビューしたりして娯楽性も含めて放映している．

新聞はスポーツ大会の結果を報道することはできるが試合そのものを提供することはできない．それに対してテレビはスポーツ中継による観戦をはじめ娯楽の機能が高く，多くの視聴者を生むため，視聴率を上げる恰好のコンテンツなのである．本来，スポーツとテレビは娯楽という側面において競合関係にある．つまり，テレビでスポーツを観戦すると競技場を訪れる観衆が少なくなる可能性があるということである．したがって，スポーツ側の収入を確保するために，放映権料が設定されるのである．そのことで，テレビ側もスポーツ側も利益を得ることができる．

放映権が注目されるようになったのは，1984年のロサンゼルスオリンピックが契機である．この大会は税金を使わずに行われた．その費用をテレビ放映権

料，スポンサー協賛金などで全てまかなったのである．この時，放映権を獲得したABCは約450億円で契約したといわれる．

　そして，1990年代から，衛星放送による多チャンネル放送化が進み，放映権料に拍車をかけることになる．

　テレビの多チャンネル化によって，番組作成が追いつかないという事態が生じるようになった．そのような中で，注目を浴びたのがスポーツであり，スポーツ専用放送チャンネルが複数登場するようになった．スポーツ中継は，試合を中継するだけでよく，リアルタイムに試合が見られるというところに比重が置かれるため，それだけで視聴者を確保できる．したがって，メディアにとって，スポーツの試合は簡単でしかも制作費が安価でできるコンテンツなのである．また，衛星放送であるため，地域や国境を越えて世界中に放送することができることが，スポーツと親和性が高い．つまり，スポーツは国や地域を越えてファンが多く，また言語が違っても試合そのものを見ることが目的であり解説が分からなくてもさほど問題にならないため，視聴者が世界中に広がるのである．そのことで，今までテレビで放映されなかったマイナーなスポーツでも放映されるようになった．一方，多チャンネルは，キラーコンテンツを持たなければ，その莫大な運営資金を稼ぐことはできない．したがって，サッカーやテニスなどがキラーコンテンツとして取り上げられ，高額な放映権で契約されている．そのなかでも，やはり世界的に人気のあるサッカー，特にヨーロッパのプロリーグは第一級のキラーコンテンツである．そして，1990年代半ば以降，世界中でサッカーの放映権料が一気に跳ねあがっていった．いわゆる「サッカーバブル」である．その契機となったのは，イタリアのサッカーリーグ・セリエAだ．その後，各国で放映権料は跳ね上がり，ワールドカップにも大きな影響をあたえた．

　従来，サッカーワールドカップは，多くの人々が観戦することができるようにと放映権料は低く抑えられていた．しかし，1998年のフランス大会後に方針を転換して放映権料による利益の追求をはじめたのである．わが国が支払った放映権料は表8-1のように，フランス大会では6億円であったが，その後一気に高騰し，2014年のブラジル大会では400億円にものぼっており，16年前のフランス大会の66倍以上の値段である．

表 8-1　W杯各大会の放映権料 （金額は推定）

大会		放映権の買い手	放映権料	放映権購入方式
1998	フランス	NHK	6億円	各大会放送連合体による一括購入
2002	日韓	JC（※1）	65億円	各国放送局による競売形式
2006	ドイツ	JC	160億円（※2）	各国放送局による競売形式
		スカパー！JSAT（録画）		
2010	南アフリカ	JC	250億円（※3）	各国放送局による競売形式
		スカパー！JSAT		
2014	ブラジル	JC	400億円	各国放送局による競売形式

注：※1　2002年日韓大会では，スカパーとJCは別々に放映権を取得．
　　※2　NHKが100億円，民放が50億円，スカパーJSATが録画のみで10億円．
　　※3　スカパーJSATが100億円ほどを負担．
出典：HP, FOOTBALL CHANNEL, 2014.

　ところで，ヨーロッパでは，「サッカーバブルの崩壊」と呼ばれる現象が起きた．つまり，スポーツメディア各社が倒産の憂き目にあうようになったのである．そのことで，サッカー放映権の高騰はヨーロッパ中で一旦歯止めがかかった．しかし，それは多くの場合弱小チームに対してのことであり，採算に見合わないからという理由で放映権が値下げされたが，一方で強豪クラブの放映権は上昇し続けた．つまり，弱小チームは切り捨てられ，強豪チームには益々資金が集まる構造である．たとえば，プレミアリーグは2016-2017シーズンから3シーズンの放映権を「スカイスポーツ」と「BTスポーツ」に約51億ポンド（9282億円）で売却しており，多額の資金を手に入れている．また，わが国のJリーグもDAZNと2017年から10年間で約2100億円の放映権契約を締結した．

　このように，今やスポーツの放映権料は，一大ビジネスである．それでは，なぜスポーツがこれほどまでに，多チャンネルにおいてもてはやされるのであろうか．それは，普段，見ることができないコンテンツを有料でも見たいと思う人が，多チャンネルによってそれが見ることができるようになったからである．つまり，多チャンネルのターゲットは，一般の大衆（マス）ではなく，料金を払って視聴しようとする集団である．このお金を払ってまで視聴しようという気持ちは，スポーツと非常に相性がよい．なぜならば，スポーツ観戦は有料が当たり前であり，スポーツファンはスポーツを見ることに対してお金を払

うことに抵抗がないからである．したがって，スポーツファンは有料・多チャンネルのターゲットになりやすい特徴があると言える．また，スポーツの価値はプレーの瞬間にあり，そのプレーは二度と起こらない．スポーツは毎日試合を中継しても筋書きのない小説であり同じ内容にはならない．スポーツは常に新鮮さを失わないのである．多チャンネル時代のテレビにとって，スポーツ中継は大量のコンテンツを確保することができる宝庫なのである．

4. インターネットとスポーツ

　インターネットは，新聞やテレビのようなマスメディアにはないライブ性と蓄積メディアの性格を有している．マスメディアとインターネットメディアの最も大きな違いは，インターネットはデジタルという特性を最大限に活用して，メディア同士を有機的に結びつけることで，クロスメディア展開ができ，リアルメディアでは実現不可能なプロモーションができるようになったことである．しかも，莫大な費用がかかるプロモーションを，インターネットでは，世界的規模で最小時間・費用で最大の効果をあげることが可能となったのである．
　最近は，ライン，フェイスブック，ツイッター，インスタグラムなど複数のSNSが急速に普及し，メディアスポーツの一翼を担うようになってきた．SNSによるメディアスポーツには，2つの側面がある．1つは，スポーツをする側によるSNSの活用であり，スポーツチームやリーグといった団体・組織が行うものと，個人が発信するものがある．もう1つは，スポーツを見る側からのSNSを使った発信である．
　まず，多くのプロスポーツチームやリーグが，SNSを利用して，ファンを獲得したり，ファンの満足度を向上させたりしている．その内容は，具体的には「メンバー表」「得点経過」「選手スタッツ」「試合のハイライト」「トレーニング情報や風景」「選手のオフショット」「キャンペーン」「アンケート」「試合のスタッツ」「選手や監督へのインタビュー」「Q&A」「月間ベストプレーヤー」などである．SNSを活用してファンと直接つながることで，ファンとのつながりの強化と新たなファンの獲得に有効な手段となっている．また，サイクリ

ングやヨットレースなどでは，選手や当事者自身がSNSを使ってリアルタイムに情報を発信している場合も増えてきている．

一方，スポーツを見る側にとっても，SNSを活用し，自分独自の試合の解説や選手の分析など社会に対して発信することで，間接的にスポーツファンの増加に一役買っている人々もいる．

5. メディアがスポーツに及ぼす悪影響

スポーツは，メディアと融合することによって発展してきた．歴史上，現在が最もスポーツが盛隆していると言えるであろう．もともと近代スポーツは，一部の裕福な人々が行うものであったが，今や多くの人々がスポーツを行うことを楽しみ，スポーツを観戦することに熱狂している．しかし，メディアがスポーツに及ぼす悪影響も見逃せない．

まず，日本のメディア，特に新聞やテレビは，スポーツをあまりに新聞の売り上げの手段として，あるいはテレビの視聴率向上のために利用してきた．たとえば，本来教育の一環として行われるはずの高校野球は，ジャーナリズムとして報道する側の朝日新聞や毎日新聞が主催することで娯楽として広く社会に定着されてきた．しかし，そのことで高校野球は，勝利至上主義に偏り，教育から離れた存在となってしまった．たとえば，特待生制度などが許容されるようになり，またドラフト制度などメディアやプロ球団の都合で若者の人生の選択肢を極端に制限している．また，人気スポーツ，それもマスコミが仕掛けて人気スポーツになったものも含め，社会の注目を集め資金を手にする団体や選手は一部に限られ，実力とは関係なく，マイナーなスポーツとの差が開くばかりである．さらに，最近ではテレビなどでスポーツ選手をタレントのように扱うことで，スポーツ本来の姿を変質させているように思われる．

次に，スポーツがテレビで放送されるなか，テレビに放送されやすいようにルールが改正されてきた経緯がある．たとえば，バレーボールでは，1998年よりラリーポイント制が採用された．ラリーポイント制が，全てのセットで適用されるようになり，得点も15点先取から25点先取と改正されたのである．そのことで，試合時間が短くなり，また時間のバラツキも少なくなったことで，テ

レビの放映時間内に試合が終わるようになり,放送しやすくなったのである.
また,バスケットボールでは,2000年から試合時間を20分ハーフから10分クオーター制に改正された.これは,テレビのCMの間隔と合わせるためだと言われている.さらに,柔道では,1997年,本来,白であった柔道着が青と白の2つになった.これは,海外の多くの柔道連盟の主張によってカラー柔道着の導入が決定したのであるが,その理由の1つにテレビ映えがよくて,放送料収入が増えるということがあげられている.

このように,スポーツルールは,メディアの発展のなかで,その都合によって改正されてきた側面がある.これからも,インターネット等の新しいメディアとともに新たな改正が行われていくと考えられる.しかし,スポーツルールをメディアの都合を優先して改正していくことは,必ずしもスポーツのために,あるいは選手のためにならない,ということを考慮しながら行わなければならないであろう.

参考文献
黒田勇『メディアスポーツへの招待』ミネルヴァ書房,2012年.
清水諭編纂「現代スポーツ評論22特集——ネット時代のスポーツメディア」創文企画,2010年.
橋本純一編集『現代メディアスポーツ論』世界思想社,2002年.

Chapter 9 スポーツと勝利至上主義

　意図的に競争をしようとするのは人間だけである．人類は長い歴史の中で，競争し，勝利を得ようとして努力してきたからこそ，今の人間の進化と社会の発展があるのであり，競争は，歴史的にみて必然的に生じてきた社会関係なのである．

　動物も生存競争やえさを獲得するために他の動物と戦ったり，種の保存のためにメスを争いオス同士が戦うなど闘争はするが，相手に勝つために計画を立てて努力をすることはしない．しかも人間は，何かを得るための手段として競争をしたり勝利を目指したりするだけではなく，競争や勝利を得ること自体に価値を見出し，そのこと自体を目的として努力することができるのである．その最も代表的な文化活動の1つがスポーツであろう．

　現代の競技スポーツにおいては，「勝利」こそがスポーツの本質とされ，「結果が全て」という考え方を持つ人が多く見受けられるが，これは，勝利至上主義や競争原理の危険性に対して，疑問や批判を持たずにスポーツを受入れている姿勢にほかならない．

　このように競争とその結果としての勝敗をどのように考えるかということによって，私たちのスポーツに対する態度も決まってくるのである．

1. 現代スポーツにおける勝利至上主義とその背景

　わが国のスポーツにおける過度な勝利の追求による弊害に関する議論は明治期から見られるのであるが，その1つは，当時近代化を推し進めた明治政府の国策（富国強兵）に関わってドイツやスウェーデンで生まれた体操を学校の正課として行ったことと関係している．また一方で，イギリスやアメリカで生ま

れた近代スポーツがわが国に紹介され，主に中等学校教育の中で導入されたこ
とと関連して，青少年の身体教育や人間形成の観点からの議論の中心となった
こととも関係している．しかし，スポーツが体育学や教育学などの様々な学問
的な視点から考察されるようになったのは，第二次世界大戦後のことであり，
学術誌や新聞記事などで「勝利至上主義」が採り上げられるようになったのは，
1970年代以降のことである．

　スポーツの倫理的な研究が行われだしたのは，1960年代のアメリカであると
いわれているが，ちょうどこの頃の世界情勢は，アメリカと旧ソビエト連邦の
二大大国を中心に東西冷戦の構図が，より顕著になっていく時代であった．

　オリンピックなどの世界規模のスポーツ大会で勝利することは，総合的な国
力が勝っているという見方がなされ，国家の指導者たちは，国家体制や国力で
優位に立つために，国家の威信をかけた代理戦争の道具として競技スポーツを
利用してきたという背景がある．旧東側諸国が主導して養成したステートアマ
チュアと旧西側諸国で生まれてきた企業アマチュアが，世界的規模で展開する
スポーツ大会において代理戦争を行う構図が生まれ，勝利至上主義が異常なま
でに過熱していったのである．

　第二次世界大戦後，西欧の福祉国家を中心とする先進国では「スポーツ・
フォー・オール」政策が普及し，また大衆消費社会が出現したことも手伝って，
「するスポーツ」の市場が拡大していったが，1960〜70年代には，1950年代後
半に始まる高度経済成長以降のプロ・スポーツの発展に伴う「見るスポーツ」
の市場も巨大化・世界化していった．その背景には，世界的なテレビメディア
の普及がある．

　1974年にはオリンピック憲章から「アマチュア」という言葉が削除され，ス
ポーツの商品化を促す契機となったが，1976年のモントリオール・オリンピッ
クでは大赤字を抱えたこともあり，オリンピックの運営方法や規模などについ
ても，多くの課題を残すことになった．東西冷戦の状況下で，旧ソビエト連邦
がアフガニスタンに侵攻したことを受けて，1980年開催のモスクワ・オリン
ピックをアメリカ，西ドイツ，カナダ，日本などの西側諸国がボイコットした
ため，次の1984年開催のロサンジェルス・オリンピックには，旧ソビエト連邦，
東ドイツなど東側の16カ国が参加しない状況になった．しかし，1984年のロサ

ンジェルス・オリンピックでは，公的な税金の投入を避け，公式スポンサーや独占放映権の方式が確立されるなど完全民営化に成功して，協賛金においては総額1億3000万ドルに達し，大会決算の黒字総額は，2億2300万ドルに達したと言われている．この新しいオリンピック運営の方式は，当時のロサンジェルス・オリンピック組織委員会委員長のピーター・ユベロスの名をとって，ユベロス方式と呼ばれ，その後のオリンピックやサッカー・ワールドカップなどのマーケティング方式を決定づけることになったが，いわば商業化，巨大ビジネス化路線が定着していくと，それに伴って，開催地決定をめぐる贈収賄，スポーツイベントの放映権料の高騰，メディアの介入，ドーピングの頻発など，スポーツを取り巻く様々な問題が噴出する結果となった．

現代スポーツでは，商業化や技術の高度化が進んでおり，プロスポーツのみならず，競技スポーツ全般的に勝利や記録に対して，多大な報酬や名誉などの利益が見出されている．そして，競技における勝敗と様々な利害や利得が結びつくことで，勝利をスポーツの価値の中で最優先するためには手段を選ばないというマキャベリズムが生まれ，「勝利至上主義」が至極当然のようにまかり通っている．

現代スポーツの巨大化とその隆盛は，ドーピング（禁止薬物使用等）などの不当な手段を使ってでも勝利を得て，富と名声を獲得しようとするアスリートを生み出す背景となっている．2015年11月に，国際陸上競技連盟がロシアの国家ぐるみのドーピングを追及し，翌2016年開催のリオデジャネイロ・オリンピックの陸上競技に出場できたのは，個人資格で認められた1名のみという出来事があった．またその後のリオデジャネイロ・パラリンピックにはロシアそのものの参加が認められなかった．そして，2017年12月には，国際オリンピック委員会（IOC）によって，2018年2月開催の平昌（ピョンチャン）・冬季オリンピックへのロシア選手団の参加を認めない決定がなされたことなどは記憶に新しい．

このように，世界的なスポーツのメガイベントでの勝利で，国の威信や存在感を高めようとする国家の政治的な意図が生まれてくることは珍しくなく，メガイベント自体が人間性を否定するドーピングのみならず，悪しき商業主義や勝利至上主義を生み出す温床になっていることは，紛れもない事実である．

2. 勝利至上主義に潜む問題

　競技スポーツを行う者にとって，勝利を重視することや勝利にこだわることは当然の姿勢であり，競技者は勝利のためにベストを尽くし，努力を尽くさなければ，一流になれないと考える人は多い．実際に現代スポーツは，これまで以上に高度化，専門化しており，競技者は，その競技に専念できなければ，望ましい結果を得ることは難しいという状況が生まれている．

　スポーツ競技などで相手に勝つことを絶対的な目標とする勝利至上主義の考え方は，トップレベルの競技スポーツの場面だけではなく，学校の体育の授業や課外の部活動の中でも問題化している．もちろん，より高い技能の習得や記録への挑戦といったスポーツ本来の活動には，極めて高い教育的価値が期待できることは認められているものの，たとえば，チームが勝つために，技術的に上手くない生徒を試合の展開に差しさわりのないポジションに配置したり，試合で勝つために指導と称するしごきや暴力，体罰を正当化する指導，行き過ぎた指導や長時間の練習による生徒への悪影響などが現実問題として生まれている．そこには，選手育成やフェアプレーを軽視する傾向が見られ，特に教育現場においては，深刻な問題として指摘されている．

　また，試合に出て好結果を残したいと考える選手の中には，怪我や体調不良を抱えているにも関わらず，隠して大会出場する選手がいたり，学校が知名度を上げるために，優秀な選手を様々な待遇を用意して集めたり，入試の制度で優遇するような学校経営が進められるなど，「教育」と「競技」といった２つの全く性格の異なる要求の狭間で「勝利至上主義」に翻弄されている社会があることは紛れもない事実である．スポーツに関わる様々な場面で勝利至上主義の問題は生じている．

3. スポーツにおける競争とは何か

　社会学者のマックス・ウェーバーによれば，競争は「他の人々も同様に得ようとする利益に対して自己の支配権を確立する平和的形式の努力」であるとさ

れている．つまり，人間は他の動物などと異なり，平和的な手段によって，闘争（戦争）ではない結論の出し方を持っているのであり，スポーツはその要素を本質的に含む社会関係を形成する1つの形式なのである．

競争では，勝者と敗者が生じるのは必然である．しかし，競争すること自体は，人間が自らを開発し，錬磨し，自らの素晴らしさを表現する機会であり，そのために努力をし，ゲームにおいてベストを尽くし，勝利を目指す行為は，素晴らしいことである．競技をする重要な目的の1つに勝利を収めることがあるが，ルールがあって初めてプレーが可能になるのであり，そこで勝敗が決まるのである．よって，ルールを破っても勝ちたいと思うことは，その「勝つ意味」を成立させている根底条件を否定することにもなり，そもそもその勝利に意味がなくなることを示しているのである．

また，競争には相手が必要であり，その相手を単なる敵と捉えるだけでなく，競争はお互いにとっての協同の問題であると考えた場合，競争を行う者一人ではできない水準の卓越性を追求するためにも，競争には他者の存在が前提であり，協同の努力という位置づけとともに，自発的に目標に向かって追求する姿勢が競争に伴ったときに，倫理的な支持が得られるのではないだろうか．

このように考えたとき，参加者が事前に合意している約束事であるルールを尊重することは，相手を尊重することであり，そこではフェアプレーであることが絶対的に必要である．ルールを破ってズルをすること，相手に対してアンフェアな条件で有利に立とうとするのは，協同の努力をするという事前の了解事項を踏みにじることを意味する．つまり相手を尊重せずにだましたりすることは，同時に自分が参加している競技自体を尊重しないことを意味し，ひいては自分を含む参加者全員を尊重しないことになるのである．したがって，自分が参加しているスポーツを尊重するならば，勝つためには何でもするという考えを持つのではなく，そのスポーツを成立させているルールの範囲で全力を尽くすことが必要なのである．

4. スポーツにとって勝利は至上の価値なのか？

勝利を目指して競争することは，スポーツの重要なファクターの1つである．

よって，勝利を目指すこと自体は，素晴らしいもの，必要なものであるといえるが，勝利至上主義という場合に問題となっているのは，「勝利を追求する」こと自体に対してではなく，勝利に付随する外在的な価値を至上としていることに問題があるのではないだろうか．たとえば，スポーツを通じて，または活動の結果としてもたらされる金銭的な報酬や社会的な地位，進学や就職の手段として有利に展開できる条件など，結果的にスポーツ自体の価値ではないスポーツ以外の価値を追求している状況を生み出していることが，倫理的に問題となってくるといえるだろう．

スポーツにおける卓越した身体能力や技術，スポーツパーソンシップ，フェアプレーやルールの遵守など，スポーツの本質的な特徴や機能などのスポーツそのものが持っている内在的価値に根ざしたものに目が向けられることが，勝利至上主義の問題性を喚起する上で必要となってくるであろう．

5. 勝利に対する敗北をどう考えるか？

競争による勝利を重視する考え方や結果としての勝利にこだわる方向から考えることだけでは，勝利至上主義の問題点に新たな考えを生み出すことはできないであろう．

競争の結果，勝者が出れば，そこには必ず敗者が生まれる．一般的なトーナメントで考えれば，最終的に勝者は，チャンピオンになった1人（1チーム）だけであり，その他はみな敗者である．競争の在り方として協同の努力によって価値が見出されると考えなければ，スポーツで競争することの文化的，社会的意味は，極端に限定されたものになってしまうであろう．このように捉えた場合，勝利に対する敗北には，どのような価値があると考えられるであろうか．

スポーツにおいては，フェアプレーやスポーツマンシップなどの精神性との関係から「良き敗者（Good Loser）」という考え方が見られる．

ポール・ワイスは，競技や試合によって敗者となったものには，次のような価値があると述べている．

・ゲームそのものに参加できたこと（自己関与）

- 自分より優れた技能をもつ人（チーム）に出会えたこと（挑戦対象）
- 自分の技能を相手に示すことができたこと（自己顕示）
- 自分を限界まで追い込むことができたこと（自己挑戦）
- 1つのゲーム，試合を存在させたこと（歴史の創造）
- 勝者よりも敗者の方が自分自身を知ることができたこと（自己理解）

競技や試合によって，このような敗北の意味を価値づけるには，対戦相手は「敵」ではなく「促進者」であるという捉え方をする必要があるであろう．

6.「勝利至上」から「勝利の追求」へ

現在も日々発展しているスポーツは，多くの人々に参加する喜びや見る楽しみを与え，スポーツとの関わりを通じて人々の生活を生き生きとするものとして受け入れられている．しかし，反面，現代のスポーツは，稲垣正浩（1995）の言葉を借りるならば，「過剰な競争原理に基づく"上昇志向のスポーツ"」へと加速度的に進んでいる様相を呈しており，その結果，「勝利至上主義に基づく競技での不正行為やルール違反すれすれの行為，ドーピング，身体および言葉による暴力行為，参加機会の不平等，いきすぎた商業主義と金銭的腐敗」（池田 2001）が蔓延するという実態は改善されないまま，スポーツ自体の危機的状況を招くことになっているのである．

パブリックスクールのリース校に実際に入学した池田潔によれば，「彼らは1つ1つのプレーの結果よりも，その結果に到達した過程に重点をおく．幸運なまぐれのゴールで味方が勝つよりも，たとい結果は失敗としても真面目な地道な努力を尊しとする」と述べている．

このようなスポーツに対する価値観は，現在の競技スポーツからみれば前時代のスポーツに見られる価値観のように捉えられてしまう可能性もあるが，少子超高齢社会を迎え，高度化や専門化が進む現代の競技スポーツにおいて，勝利を最も重要視するスポーツに関わることができる競技者はごく限定された人間ということになる．人類の頂点に立つことだけが勝利を意味するのではない．勝利だけに価値を求めるのではなく，競技に参加し勝利への追求に全力を尽く

したことは，敗者となってもスポーツから多くのことを得ることができるという敗者の意味，価値の重要性を理解し，スポーツが持つ機能として，勝敗を越えたスポーツ実践者の存在とその活動の結果と過程，姿勢などを含めた価値認識を深めていくことが勝利至上主義による弊害を防ぎ，新たなスポーツ観を生み出していくきっかけとなるであろう．

　勝利至上主義の一番の問題は，「勝利」以外のスポーツを通じて体得することができる重要な要素を阻害してしまうことである．スポーツマンシップを含む勝利以外の価値を得，スポーツの価値をさらに豊かにすることができることを私たちスポーツ実践者は再認識すべきである．

参考文献
池田潔『自由と規律』岩波書店（岩波新書），1964年．
池田勝『スポーツの社会学』杏林書院，2001年．
稲垣正浩『スポーツの後近代——スポーツ文化はどこへ行くのか』三省堂，1995年．
ウェーバー，M.『社会学の根本概念』清水幾太郎訳，岩波書店，1972年．
グルーペ，オモー『スポーツと人間　文化的・教育的・倫理的側面』永島惇正・岡出美則・
　　市場俊之・瀧澤文雄・有賀郁敏・越川茂樹訳，世界思想社，2004年．
トーマス，キャロリン　E.『スポーツの哲学』大橋道雄・室星隆吾・井上誠治・服部豊示
　　訳，不昧堂出版，1991年．
中村敏雄・高橋健夫編『体育原理講義』大修館書店，1987年．
中村敏雄著作集7『近代スポーツ批判』三省堂，1977年．
広瀬一郎『スポーツマンシップを考える』ベースボール・マガジン社，2002年．
フレイリー，W.『スポーツモラル』近藤良享・友添秀則・浜口義信・漆原光徳訳，不昧堂
　　出版，1989年．
ワイス，P.『スポーツとはなにか』片岡暁夫訳，不昧堂出版，1985年．

Chapter 10 スポーツと倫理
——ドーピング——

1. 現状と課題

　2015年11月，ロシア陸上界における組織ぐるみのドーピング違反が，大きな衝撃をもって世界に伝えられた．スポーツの価値を根底から揺るがす組織ぐるみのドーピング隠しは，2017年現在も解決に至っておらず，2016年のリオオリンピックに引き続き，2017年世界陸上でもロシアが国家として大会に出場することが認められなかった（ただし，個人申請で潔白が認められた場合，ロシア代表としてではなく「中立」の立場で国際大会に出場することができた）．こうした組織ぐるみのドーピング違反は，不正の域を越えた「犯罪」に近いところがある．もちろん，個人におけるドーピング違反も後を絶たないのが現状だ．故意にドーピングを行っている事例，指導者主導のドーピング事例，うっかりドーピング事例などが，その一例として挙げられる．どちらにも共通するのが，スポーツの大前提であるフェアプレーの精神に反する行いであることだ．

　ここで強調したいのが，ドーピング違反を根絶するために，アスリートやアスリートを取り巻くスポーツ関係者だけで，その対策を完結することは不可能だということである．日常的にスポーツを楽しむスポーツ愛好家を含めて，スポーツに関わる全ての人々がドーピングに対する基礎的な知識を持ち，倫理観を養い，ドーピングを社会悪として認識することが，ドーピング違反を根絶するための第一歩である．

　本章では，スポーツに関わる者が最低限持っておくべき基礎知識として，ドーピングが禁止される理由やドーピングコントロールテストの実際・ドーピングの種類やうっかりドーピング等について挙げ，アンチ・ドーピングへ向けて取

り組むべきことについて述べる．

2. ドーピングの定義

ドーピングとは，競技力を高めるために不正に薬物などを使用したり，それらの使用を隠したりする行為である．これは全世界の全スポーツにおける共通の約束事であり，禁止物質や検査方法等は世界アンチ・ドーピング規程（World Anti-Doping Code，以後 Code とする）として競技規則と同様に，スポーツを行う上での規則として定められている．また，毎年1月1日に Code に付随する国際基準が更新される．新たに禁止物質として指定される物質，もしくは解除される物質や禁止方法等も，全てこの基準に基づくため，毎年これを確認しなければならない．なお，本章で取り上げるドーピングに関する事柄は，Code や Japan Code（日本アンチ・ドーピング規定）に記載されている一部をまとめたものになる．詳細については，世界アンチ・ドーピング機構や日本アンチ・ドーピング機構，及び各競技団体等で公表されている規定をそれぞれで必ず確認し，最新の詳細な規定を知っておく必要がある．

3. ドーピング禁止理由

ドーピングが禁止される理由として，主に4つのことが挙げられる．

① スポーツの価値を損なう
② フェアプレーの精神に反する
③ アスリートの健康を害する
④ 反社会的行為である

スポーツの価値については，他の章でも触れられてきているが，Code では次のような言葉で表現している．

・倫理観，フェアプレーと誠意
・健康

- 卓越した競技能力
- 人格と教育
- 楽しみと喜び
- チームワーク
- 献身と真摯な取組み
- 規則・法を尊重する姿勢
- 自分自身とその他の参加者を尊重する姿勢
- 勇気
- 共同体意識と連帯意識

　スポーツを通じて得られるものは，勝利や記録の向上だけではなく，上記のようなことが得られることにも大きな価値がある．しかし，ドーピングで不正に競技力を向上させることは，こういったスポーツの価値を放棄していることと同じである．

　だれもが公平に平等にスポーツを楽しむために，ルールが決められている．このルールがあるからこそ，人々は等しくスポーツを楽しめると言っても過言ではない．「ずる」をして勝負に勝ったり記録が向上して，心から「嬉しい」「楽しい」と思えるだろうか．「ずる」をした人が勝つようなスポーツは，見ていて面白いだろうか．一定の決められたルールの中で，心身を鍛えて技術を磨いた人々が正々堂々と競うことに，スポーツの大前提であるフェアプレーの精神がある．したがって，ドーピング使用という「ずる」は，この大前提に反するのである．

　また，ドーピング使用によって，アスリートの健康だけでなく命が失われることもある．ドーピング規制の始まるきっかけとなったのが，1960年ローマ五輪で興奮剤を使用した自転車ロードレース選手が死亡した事例である．他にも，蛋白同化剤と呼ばれる禁止物質を長年にわたって使用してきたことで，女性の男性化が起こったり不妊に陥った事例も報告されている．禁止物質の使用がアスリートの身体に与える影響は，その後の人生を大きく狂わせることにもなる．アスリートの一生を守るためにも，ドーピング使用は禁止されなければならない．

こうした理由を踏まえた上で，ドーピング使用は社会に悪影響を及ぼすため，ある種の反社会的行為と言える．「ドーピングは社会悪である」という認識を，アスリートはもちろん，全ての人々が持つべきである．

4. ドーピング検査

ドーピング検査は，アスリートがクリーン（潔白）であることを証明するために実施される．ドーピングを疑って検査されるものではないことを，まず述べておく．ちなみに，ドーピング検査はある一定の競技レベルやそのレベルに見合った大会に出場しないと実施されない．したがって，ドーピング検査対象のアスリートになることは，アスリートとして1つ上のレベルに到達したという意味で，喜ぶべきこととも言える．

なお，ドーピング検査で対象となる禁止物質や禁止方法には，Ⅰ 常に禁止されるもの，Ⅱ 競技会において禁止されるもの，Ⅲ 特定の競技において禁止されるもの，この3つがある．競技会時に実施されるドーピング検査はⅠとⅡとⅢ，自宅やトレーニング場所で実施される競技会外検査はⅠが対象となる．

競技会時に実施される検査は，競技終了後に検査対象の通知を受けるところから始まる．競技前に対象者が明らかになることはないため，ドーピング検査が実施される競技会では，全てのアスリートがドーピング対象となる禁止薬物を摂取しないように気を付ける必要がある．身分証明書を付けた検査員から通知を受けた後は，提示された書類の説明を受け，検体提供の同意のためのサインをする．万が一，検体提供に同意しない場合は，その時点でドーピング陽性として判断される．その際，通告時間を記載する欄があるが，その1時間以内に必ず一度，ドーピングコントロールステーションへ行かなければならないため，注意すること．

その後，記者会見や表彰式等のためにドーピングコントロールステーションへの出入りは自由となる．もちろん，クーリングダウンを行うことも可能である．ただし，競技終了後，最初の尿検体を提出しなければならないため，トイレへ行くことは許可されない．ドーピングコントロールステーション内にあるトイレで，検査員立ち合いのもと尿検体を採取することを覚えておく必要があ

る．なお，ドーピングコントロールステーションでは，監督やコーチなどが帯同することが許されている．また，同意書に競技会1週間前から摂取した医薬品やサプリメント等を記載する欄があるため，手帳などにそういった情報を書き残しておくと，検査対象になった際に焦ることがなく，安心である．

尿検体を採取できる状態になれば，ドーピングコントロールステーションで医師にその状況を伝える．その際，アスリート自身がいくつか準備された検尿カップから選ぶ．その後，同性の医師と共にトイレへ向かい，90ml以上の尿検体を採取する．他人の尿等とのすり替え防止のため，医師の目の前で，尿検体を採取することになる．多少抵抗はあるが，ドーピング検査が厳密に行われるために，大事なことでもある．汗を大量にかく競技の場合，1回の採取では90mlに満たない場合がある．その場合は90mlを超えるまで尿検体を採取し続ける必要があるため，水分補給をしてから再度，尿検体の採取に臨むこととなる．

尿検体採取後は，尿検体を検査機関へ送るためのサンプルキットを選択する．こちらも検尿カップと同様に，複数の中から1つを選ぶ．その後は医師の指示のもと，採取した尿検体を分割して2つの瓶に入れ，それを箱に入れて封印するまでを，全て選手自身で行う．最後に尿比重を確認し，そこで基準値をクリアすることで，ドーピング検査が終了となる．その後，検体はWADA（World Anti-Doping Agency）公認の三菱化学メディエンス株式会社へ送られた後に分析され，ドーピング検査で陽性が出た場合のみ本人へ通知される．その結果に不満がある場合は，B検体の再検査も要請することができる．ドーピング陰性であれば，何も連絡はない．クリーンアスリートであることが証明されたことになる．

競技会外検査は，事前通告なしに検査員がアスリートを訪問して実施される検査のことである．そのため，その対象になったアスリートは，居場所情報提供を常に報告する義務が課せられる．ちなみに，日本代表クラスのトップアスリートがこの検査の対象となる場合が多い．本章で競技会検査の流れについては取り上げないが，詳しくはJADA（Japan Anti-Doping Agency）のHPで確認することができる．

近年は，高校生が参加する全国規模の競技会でもドーピング検査が行われる

ようになってきた．ジュニアの頃からドーピングに対する意識や知識を高めるため，という狙いもある．

5. うっかりドーピング

　故意にドーピング禁止物質を摂取していないが，摂取した医薬品やサプリメントに禁止物質が含まれていた場合も，検査では陽性となる．それを，うっかりドーピングと言う．ただし，検査で陽性反応が出たことには間違いないため，「うっかり」とはいえ競技会の成績が取り消されたり，数年間の競技会出場禁止措置が取られる．特に，日本人アスリートで多い事例である．したがって，アスリートは自分が口に入れたものに責任を持つべきであり，どういったものがドーピング禁止物質に該当するかといった知識を持つ・学ぶ責任がある．

　うっかりドーピングでもっとも多い事例が，競技会前に飲んだ一般用医薬品にドーピング禁止物質が含まれていた場合である．特に，風邪薬に含まれていることが多いエフェドリンは，ドーピング禁止物質の興奮薬に該当する．また，使用する機会が多い咳止めやアレルギー症状を抑える一般用医薬品にも，ドーピング禁止物質含まれていることがある．全てのそういった一般用医薬品に含まれているわけではないが，試合が近い時期に薬を飲む必要が出てきてしまった場合は，ドーピング禁止薬の知識も持ったスポーツファーマシストに相談した方がよい．なお，このスポーツファーマシストも，JADAのHPから調べることができる．

　そして，うっかりドーピングで留意してほしいのが，サプリメントの摂取が原因となるものである．サプリメントは医薬品ではないため，多くのアスリートが気軽に摂取していることが多い．しかし，サプリメントは食品として扱われていることが多く，含まれている成分を全て表記する必要がない．そのため，記載されていなかった成分がドーピング禁止物質に含まれている例もあり，それによりドーピングコントロールテストで陽性になった事例がいくつもある．その中でもっとも多い事例が，海外製のサプリメント摂取によるものである．最近は，ネット販売等でそういったものを簡単に手に入れることができる．もちろん，全ての海外製サプリメントにドーピング禁止物質が含まれているわけ

ではない．しかし，「かなり効果がある」の評判の裏側には「ドーピング禁止薬の含有」という可能性も否定できないため，安易に手を出すべきではない．

なお，JADA がドーピング禁止物質を含まれていない商品と認証しているサプリメントや栄養補助食品には，図10-1 のようなマークが入っている．サプリメントを摂取する場合は，認証マークが付いている商品を参考にすれば，安心してそれを摂取することができる．

図10-1　JADA 認定商品マーク
出典：JADA 公式 HP．

6. アンチ・ドーピングへむけて

ここでは，ドーピング根絶のために必要なことについて，アスリートや指導者の立場でそれぞれ述べる．

まず，アスリートの立場でもっとも重要なことは，ドーピングをしない，ということである．当然のことではあるが，これにはもちろんうっかりドーピングも含まれる．ドーピングをしないためには，これまで述べてきたような倫理観や知識を身に付け，1年に1回更新されるドーピング禁止表に目を通して最新の情報を自身の責任で得て，かつ，それを実生活でも常に気を付けることが必要となってくる．アスリートの基礎的教養の1つとして，トレーニングに対する知識と同様に求められることである．また，安易にサプリメントに頼らない態度を養うことも大切である．サプリメントで摂取できるものは，大半のものが自然にある食品から摂取することができる．栄養学的知識を学び，日々の食事から疲労回復や身体づくりに必要な栄養素を摂取できるようになるべきである．

次に，指導者はアスリートに対して，ドーピングに関する教育をする必要がある．指導者がトレーニングやスポーツ技術・戦術の指導をするのと同じぐらいの熱量をもって，アンチ・ドーピングに対する取り組みを指導すべきである．現状では，スポーツ現場以外でドーピングについて学べる場がないに等しい．

つまり，指導者がドーピングのことを教えないと，アスリートがドーピングについて知ることができる機会がほぼないに等しいのと，同義である．もちろん，ドーピングについて学べる場所や機会が，至るところにあることが望ましいが，そういった場所や機会がないのが現状である．したがって，指導者がドーピングに対する知識を得ることは，スポーツ指導者の資質の1つとしてかなり重要である．

　最後に，本章で述べたドーピングに関する内容は，概要を述べただけに留まる．アスリートやスポーツ指導者はもちろんのこと，スポーツに関わる全ての人は，JADAのHP等でもっと詳しく勉強してほしい．ドーピングを他人事や他の国で起こっているよそ事とするのではなく，自分事として捉えることが，何より重要である．本章が，そのきっかけの1つとなってくれたら幸いである．

参考文献

JADA 公式HP『Play True』〈http://www.realchampion.jp/〉（2017年9月20日参照）．

Chapter 11　スポーツと心身

　私たち人間は，心と身体を持っている．というより，心の側面と身体の側面を持った生命体として存在し，機能しているのである．したがって，当然ではあるが，スポーツも精神と身体に深く関わっており，そのあり方は勝敗や技術の優劣に直結している．
　ここでは，スポーツにおける精神と身体，あるいはその関係について考えてみよう．

1.　スポーツと身体

　人間が生きていく上で身体はなくてはならない．したがって，当たり前のことであるが，身体が健康なこと，身体が強いことが求められる．しかし，スポーツにおいては，それ以上にレベルの高い身体が求められるのである．しかも，それはスポーツの種目ごとの特性に合わせた身体である．
　一方，身体のあり方において，西洋と東洋では伝統的に相当違った考え方がある．このあたりのことを考えてみよう．一般的に，スポーツで理想とされる体格は，古代ギリシャのスポーツ選手のような逆三角形の身体であり，上腕と肩には筋肉が盛り上がり，胸の筋肉は大きく張り出していて，腹筋は何段にもくびれて腹の周りが細く締まり，下半身は太ももとふくらはぎに筋肉がつき，足首のしまった身体である．
　それに対して，東洋，特に日本の伝統的な武道などで求められる体型は，三角形型の姿である．下腹が張り出し，肩はなで肩で，胸にもあまり筋肉が付いていない．同じように中国の武術家の姿をみても筋骨隆々という体型はあまりない．なで肩で下腹が張った体型である．

このように，東洋における理想的身体の体型は，西洋的な理想的身体像，いわゆる逆三角形とは正反対の三角形型をしている．

　それでは，共に身体運動を行うにあたって理想とされる体型が，西洋と東洋では，なぜこのように正反対なのであろうか．どちらも調和のとれた強健な身体を理想とするということについては同じなのであるが，そこには根本的な身体観の違いがあるようである．

　まず，西洋的な身体の捉え方は，要素還元主義の立場に立つ．つまり，複雑な事象を理解しようとする時に，その事象を基本的な要素に分けて，それぞれの要素を理解することで全体を理解していくという考え方である．このような立場から身体のトレーニングの理論も成り立っており，現代のウエイトトレーニングでは，身体を細かくパーツに分け，各部位ごとに鍛え，そのことで身体全体が強化されるとされている．したがって，必要とされる身体各部の筋肉を鍛え，それら身体のパーツをモザイク的に集合させてでき上がった身体が，調和のとれた理想的な身体とされるのである．その結果が，腕とその付け根の肩や胸の筋肉が盛り上がり，太ももが張った逆三角形の身体ができ上がるのである．

　それに対して，伝統的に中国や日本では，経験論的に反還元主義的，全体主義的立場に立つ．つまり，全体は部分の総和を超えたものであり，決して要素を足し算したものではなく，それ以上のものであるという考え方である．したがって，トレーニングも部分の強化よりも身体全体の強化が中心となる．このことは，中国古来の気の思想，つまり天地自然は全て気によって生成変化しており，身体の存在，機能も全て気によるものであるという考え方からきている．そこでは自ずと身体の気を体内全体に滞りなく循環させ，強化することが人間の心身を強くし，健康にする方法とされたのである．

　したがって，日本の伝統的な武芸においては，基本的には体内の気を循環，強化するために気の貯蔵庫，あるいはターミナルとしての役割を果たす臍下丹田を中心として気の訓練が行われ，全身の強化が図られた．その結果，下腹の張った三角形の体型が形成されるのである．現在でも，日本の文化を継承する競技や私たち日本人が様々なスポーツのトレーニングをする場面では，技を習得したり，体を鍛える過程で，臍下丹田や腰を重視する傾向が見られる．

2. スポーツと心理

　スポーツのことを論じる際に身体が中心になりがちであるが，それと同じように心の問題が非常に大切になる．特に，レベルが上がればあがるほど，心理的側面が重要視されるようになる．

　スポーツでは，自分の心であるにもかかわらず，自分自身でコントロールできないことがよくある．たとえば，試合前に緊張してはいけない，と思えば思うほど緊張してしまう．なぜだろうか．それは，私の心そのものの構造にその理由が隠されているのである．

　ここでは，臨床心理学でよく使われるユングの心の構造をもとに，その理由を考えてみよう．

　ユングは心を意識と無意識にわけ，無意識はリビドーという生命エネルギーによって成っているとし，さらに無意識を2層にわけ，個人的無意識と普遍的無意識と仮定した．

　ユングは，人間の意識は自我を中心に，ある程度，主体性・統合性をもって安定しているとした．一方，無意識の領域の個人的無意識は，失われた記憶や自我の統合性を守るために抑圧された不快な諸表象などから成り，個人的体験に由来するものであり，一般的には意識ではコントロールできないものである．また，普遍的無意識は，個人的無意識のより深層に位置し，個人を超えて世界の人々が普遍的に持っている深くて根源的な元型という心性があり，それは時にイメージとして感じ取れるような場合があるが，直接は意識の領域には上らないとされる．また，ユングは，無意識にはコンプレックスやトラウマなどが抑圧されているというだけではなく，インスピレーションや想像力といった人間の可能性を秘めたプラスの能力も存在していると捉えたのである．

　それでは，意識と無意識はどのような関係にあるのだろうか．日常私たちは，意識の領域にある自我を中心に，ある程度安定して生きている．つまり，意識の範囲で生きている．しかし，自我は，意識できないが，無意識の領域から様々な影響を受けている．たとえば，訳が分からないがイライラするとか，ドキドキする．あるいは，不安に駆られたり，恐怖感を覚えたりする．いくら落ち着

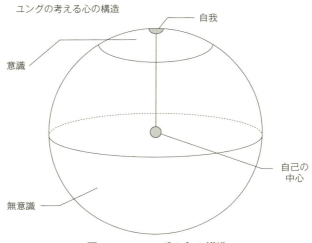

図11-1　ユングの心の構造
出典：山中（1996）．

こうと思っても，気にしないようにしようと思ってもどうにもならない．人に恋をしてドキドキする．これらの感情は，全て無意識の領域から意識に湧き上がってきて，自我を揺らすのである．しかし，自我は無意識をコントロールすることはできない．なぜならば，無意識という名のとおり，通常，無意識は自分で意識できないのであるから，コントロールしようがないのである．さらに，感情を無理にコントロールしようとすればするほど，今度は意識そのものが乱れることとなり，混乱したり動揺したりするのである．たとえば，寝ようと思えば思うほど心配事が頭に浮かんできて寝られない，無心になろうと思えば思うほど雑念が沸いてくる，といったことは多くの人が体験していることである．それと同じことが，スポーツの試合時にも極度の緊張やあがりというような現象として起こるのである．したがって，これらをコントロールしようと思うほど，心の状態は悪化するのである．

　このように，無意識の領域には私たちを超えた様々な心性が含まれている．したがって，私たちは自分の心でありながら未知なる部分を多く持っており，自我ではどうしようもないことが起こるのである．

3. スポーツと心身

　ここまで，スポーツにおける身体，スポーツにおける心について見てきたが，実はこの2つは別のものではない．本来，心身として考えるべきものである．なぜならば，生きている私は，心身の関係の中で生きているからである．そのことは，スポーツや武道などのように凝縮された時間空間のなかで，最大限その能力を発揮しようと思うと，心と身体のつながりを実感することになる．具体的には，先に述べたように試合時にあがってしまうと，心が動揺するだけではなく，身体が思うように動かない，それどころか震えてしまうということが起こるのである．つまり，心と身体を両方考えなければ，そして鍛えなければ勝利を得ることができないのである．この心と身体の関係については，私たちが日常を振り返ると当たり前のように思うのであるが，近代以降のスポーツの発展の背景には，心と身体をまったく別のものとして捉え，それをそれぞれ改善することを目指すという傾向が圧倒的に強いのである．しかも，身体の改善や技術の向上ということの方が優先され，心の問題はあまり大きくは取り上げられてこなかったのである．

　その理由は，近代スポーツは欧米から導入されたものであり，ヨーロッパの心身二元論に基づいた研究が行われてきたことにも由来すると考えられる．欧米では，精神と身体を別物として捉えて体系づけられているからである．この理論は，デカルトの心身二元論に基づいている．まず，デカルト（1596～1650）の心身二元論について簡単に説明しよう．

　デカルトは，「長さ幅および深さある延長は，物体的実体の本性を構成し，思惟は思惟実体の本性を構成する」（『哲学原理』）と規定し，「形は延長せる事物においてのみ，また運動は延長せる空間においてのみ理解されるとし，表象や感覚や意志も，ただ思惟者においてのみ理解される」（『哲学原理』）と述べ，精神と物質は本来的に異なるものとして規定した．このデカルトの世界観，人間観が，自然科学に則った近代文明の驚異的な発展の思想的根拠となり，現代の科学や医学の発展に大きく貢献してきたのである．

　医学について説明しよう．デカルト以前は，病気は悪い霊がとりついたから

だと考えられていた．しかし，デカルトは，人間の肉体は物であり，生きている間は精神が宿っているが，死ねば単に物としての死体である．悪霊が取り憑いているということはないとした．その結果，それまで忌み嫌われた死体を解剖するようになり，人体の詳細な構造がわかってきたのである．このように，医学では人間の肉体と心と切り離し，身体を1つの物質とみなすことで，身体を精密な機械とみなし化学薬品と手術を柱とする近代医学が発展してきた．しかし，近年，この二元論の限界がみえてきた．デカルトの二元論には無理がある．たとえば臓器移植では，技術的には多臓器移植や脳の一部の移植までが可能になった．そうなると，「私」が誰かわからなくなってきた．人間は機械ではない．多くの臓器が交換されるという事態になると移植された人は誰なのか，臓器を提供してもらった人なのか，臓器を提供した方なのか，「私」は誰なのか，という問題になる．このような，倫理上の問題に医学は直面しているのである．

デカルトの心と身体は全く別だという理屈をスポーツで考えれば，先に述べたように，論理的に無理があることは明白である．スポーツの試合であがってしまって実力を出せなかったということは，私たちが日常的に経験していることである．心と身体，心と物質は密接に関連しているのである．また，近代教育が入ってきて，精神と身体は切り離されてしまった．身体の教育は体育と考えられた．しかし，周知の通り，スポーツは，極めて心理的，精神的要素が高い．本質的に，体育は心身の問題なのである．

それでは，精神と身体はどのように関係しているのだろうか．前林清和の考えに基づいて説明していこう．

精神は「意識」の領域と「無意識」の領域に分け，身体は身体内にある神経を「運動神経系」と「自律神経系」に，そして筋肉を「随意筋」と「不随意筋」に分けて考えてみよう．

意識は，理論や思考であり，理性によって構成されており，運動神経系とつながっている．そして，運動神経を通じて随意筋を動かし，四肢が動くという仕組みが成り立っている．この場合の心身の関係は，日常において身体を動かすときの関係である．手を動かそうとすれば手は動く．ボールを投げようとすれば投げられる．つまり，自分の意志で身体を動かしているのである．

表11-1　精神と身体の相関関係

精　　神			身　　体		
意識	理論・思考	理性	運動神経	随意筋	四肢
無意識	情動・感情	本能	自律神経	不随意筋	内臓

出典：前林（2016）．

　一方，無意識は情動や感情の源泉であり本能と言われるものであり，自律神経系とつながっていて，自律神経を通じて不随意筋をコントロールしており，その結果，内臓に影響を与える．こちらの心身の関係は，自分の意志とは関係なく自動でコントロールされており，自分の思うようにはいかないのである．

　このように心身の関係では2つの系統があるから，スポーツの試合で，意識でいくら「あがってはいけない」と思っても無意識から湧きあがってくる不安や緊張をコントロールすることはできない．無意識からの作用で自律神経が影響を受け，内臓が異常をきたし，試合前に腹痛になったりする．さらに，無意識から湧いてきた不安や緊張は，意識を乱して運動神経に影響を与え，うまく技術が発揮できないようになる．

　このように意識で直接，無意識をコントロールするのは困難なため，しばしば上記のような事態に陥るのである．しかし，呼吸を使ってある程度コントロールすることができる方策を人間は経験的に知っている．深呼吸をすると，落ち着くことができる．その理由は，呼吸は自律神経とも運動神経ともつながっており，意識とも無意識ともつながっているからである．だからこそ，私たちは無意識に呼吸しているが，同時に，意識的に，息を止めたり早めたりもできる．つまり，呼吸は意識と無意識，運動神経と自律神経全てに関わっているのである．わが国の伝統的な瞑想によるトレーニングや身体運動によるトレーニングにおいても，気の循環や強化とともに，多くの場合，呼吸法も重視され，意識的に取り入れていることが多い．

　このように，人間の心身は，きわめて深い関係にあり，心の問題，身体の問題として分けて考えられる事象はほとんどないのである．

参考文献

デカルト『哲学原理』桂寿一訳,岩波書店(岩波文庫),1964年.
前林清和編著『教師を目指す人のためのカウンセリング・マインド』昭和堂,2016年.
前林清和『近世日本武芸思想の研究』人文書院,2006年.
前林清和『武道における身体と心』日本武道館,2007年.
山中康裕『臨床ユング心理学入門』PHP研究所,1996年.
湯浅泰雄『身体──東洋的身心論の試み──』創文社,1977年.

Chapter 12　スポーツと技術革新

　スポーツを行うために，必要不可欠なものに技術がある．それぞれのスポーツを実践するためには最低限の技術が必要であるし，勝利を得ようとすれば，それなりの高度な技術が必要となる．また，一般的には技術は発展するものであり，時代によってその技術は改良され，革新していくのである．
　ここでは，スポーツにおける技術と技術革新について，その内容や意義，要因について考えてみたい．

1.　技　　　術

（1）技術とは
　技術とは，簡単に言えば，「ものごとを取り扱ったり処理したりするときの方法や手段のこと」，「社会の各分野において，何らかの目的を達成するために用いられる手段・手法」，「科学を実地に応用して自然の事物を改変・加工し，人間の生活に役立てるわざ」などの意味がある．つまり，人間が生きていく上で必要不可欠な概念であり，手段である．また，技術があるからこそ，その技術を伝承してきたからこそ，さらには技術を革新してきたからこそ，人間は他の動物に比べて圧倒的に優れた進歩した生活や社会を実現してきたとも言える．

（2）技術と技能
　技術は，目的を達成するための手段や方法である．技術のなかで，人間が自分自身で行うことを前提とした技術については，それを実現することは必ずしも簡単なことではない．その技術を身に付けなければならないのである．その

ために，それを身に付けようとする者は学習したり，トレーニングを繰り返したりしなければいけない．また，それを指導しようとする者は，その技術を身に付けさせるために指導を行わなければならない．

そして，結果として，技術を身に付けようとした者が，その技術を駆使できる能力を身に付けた状態，あるいはその技術を行為することを技能というのである．

したがって，技術は，人間の外にある客観的な内容であり，ある程度記述可能なものであるが，技能は人間の内側に入り込んだ主観的な感覚であり，個別的なものである．また，技術は汎用性があり，広く流通する可能性を持っているが，技能は個人に特殊化されたものであり，広まるのが困難である．さらに，技術が，ある個人に身に付き技能化される時点で，その個人が持っている特殊性，すなわち運動能力や身体的特徴などの違いによって，その人独自のものとなる．つまり，同じ技術からいくつもの技能が生まれるということである．

2. スポーツの目的と技術

スポーツにおける技術を考える場合，その技術の目的は，全て相手に勝つことであるが，その勝敗の決め方のルールの違いによって4つに分けられる．

(1) 計測値で勝敗を決めるスポーツ

陸上競技や水泳などは，誰が一番早いかで勝者が決まる．また，重量挙げは誰が一番重たい物を持ち上げたか，走り高跳びでは誰が一番高くまで跳んだかなど，単純だが厳密に計測された値によって勝者を決定するスポーツである．また，ゴルフやアーチェリーのように各自が獲得した得点によって勝者を決めるスポーツもある．このようなスポーツの技術は，きわめて合理的な技術であるバイオメカニクスとか運動生理学，運動学に根差した技術が追求される．

(2) ゲームによって勝敗を決めるスポーツ

サッカーや野球，バドミントンなどは，ゲームにおいて高得点を取った方が勝利する．この場合の技術は，相手との相対的な動きの中で繰り出される．し

たがって，多様な技術を瞬時に判断して時間的，空間的に如何に発揮できるかにかかっている．また，チームゲームの場合は，メンバー同士の連携も含めての技術が求められる．

（3）採点によって勝敗を決めるスポーツ

体操競技やフィギュアスケートなどは，演技が採点され，その点数が高い者が勝利する．この場合の技術は，ルールで決まった技術を如何に実現させるか，またその表現力などの芸術性はどうかなど，価値観に基づいた評価を追求するスポーツである．また，スキーのジャンプ競技のように，飛距離と飛型点を合わせて勝敗を決める，つまり計測値と採点を合わせて勝敗をきめるスポーツではその両方の技術が求められる．

（4）相手を圧服することで勝敗をきめるスポーツ

レスリングやボクシング，柔道，剣道など，相手を直接圧服させた方が勝利するスポーツである．この場合の技術は，相手との相対的な動きのなかで，臨機応変に幾つもの技を瞬時に選択し繰り出す技術が求められる．また，剣道では単に相手を打つだけでなく，その打った際の姿勢や打つ前の崩し，打った後の残心などの要素も含めて評価されるため，採点的な要素も含めての技術が求められる．この評価の基準となるのは，暗黙の了解として「型」があることが剣道の特殊性である．

3. スポーツにおける技術

スポーツにおける技術には，大きく分けて身体技術と道具を作る技術がある．

（1）身体技術

スポーツは，身体の運動を伴うが，種目特性によって，「身体を操る技術」と「身体を使って道具を操る技術」とがある．
① 身体を操る技術
短距離走，長距離走，器械体操など身体を操る技術がある．これらは，自分

の手足の動きや胴体の支持の仕方などの技術である．それを身に付ける方法は，もちろん練習なのであるが，その習得の方法はどのようなものなのだろうか．それは運動生理学でいうような，シナプス伝達を意識したようなものではない．身体イメージを使ったものである．つまり，私たちが正しい技術のイメージを描いて，それに身体の動きを合わせていくという作業を行っているである．たとえば，器械体操において内村航平選手の回転技を身につけようと思えば，そのイメージを描きながらイメージに身体の動きを重ねていく，という作業を続けるうちに，内村選手の回転技が身についていくのである．

② 身体を使って道具を操る技術

バドミントンや野球のように道具を使って行うスポーツは，ラケットでシャトルを，バットでボールを打たなければならない．このように道具を使うスポーツ技術を身に付けようとすると，単に道具を道具として動かすというレベルでは相手に勝つことはできない．たとえば，視覚障がい者は白い杖の先で物を見分けることができるという．普通に考えると杖の先の振動を手に感じて，それが何かを推察すると思うのだが，そうではない．これは，杖がすでに，その人の身体の一部となっているということを意味する．マイケル・ポランニーは，道具を自分の身体と同じレベルで捉えるには，自分をその道具の中に注ぎ込み，自分の存在の部分として同化しなければならないとし，それを「潜入」と呼んでいる．つまり，私たちが道具を用いて技能を発揮しているときの状況は，道具を身体と質的に同じレベルで使用しているのであって，このことは，哲学的に言えば「道具の身体化」，つまり「身体性の拡大」と捉えることもできる．スポーツ選手もラケットやバット，ゴルフクラブといった道具が身体の一部のように違和感なく，自由に使いこなせるようになってこそ一流のスポーツ選手なのである．

（2）道具を作る技術

スポーツの技術において，大きな役割を担う技術として「道具を作る技術」がある．その最たるものが，カーレースやエアレースといったモータースポーツである．これらのスポーツは，高度なマシンを選手が運転して競い合うスポーツであり，選手の技術もさることながら，マシンの優劣が勝敗を大きく左右す

ることになる．また，これに準ずるものとして，自転車レースやスキーなども自転車やスキー用具の性能が，その勝敗に大きなウエイトを占めている．さらに，最も道具と縁遠いと思われる陸上競技の短距離走でも，スパイクの性能によってスピードが変わってくるのである．

このように，現代では，試合に勝つか負けるかは，選手そのものの能力の優劣だけでなく，使用している道具が大きくかかわっているのである．それは，道具だけでなく水着やユニフォームも含めてその性能によって選手のパフォーマンスに影響を与えるのである．

4. スポーツにおける技術革新

スポーツにおける技術革新によって，新記録が生まれ，より高度な技術が開発されている．David Epstein が TED (*Technology Entertainment Design* 2014) でスピーチを行い，スポーツ記録向上の要諦は，テクノロジーと体型の極端化，マインドセットであると論じているが，ここでは，それも参考にして技術革新の要因について考えてみよう．

（1）選手の努力

記録が伸びたり，新しい技が生まれたりするのは，選手の努力である．人生をかけて，強い意志で多くの時間と体力，気力，知力を振り絞って，毎日練習をすることで，技術そのものが向上するし，新しい技術も開発され，新記録が出たり，新しい技が生まれたりしていくのである．さらに，近年は，国や企業によるサポートやプロフェッショナルスポーツの拡大により，多くの選手が，他で生計を立てることなく，多くの時間を費やして専門的に練習する環境が整っている，ということで選手の努力を後押ししている側面もある．さらに，メジャーなスポーツの場合，選手一人の努力ではなく，監督やコーチ，トレーナー，カウンセラーなどのプロジェクトチームとしての組織的な努力がなされることで技術革新が進んでいる．

（2）スポーツ科学の発展

現在は，スポーツ科学の発展によって，より速く，より高く，より遠く，より強く，より美しくするためのフォームや体の使い方が開発されてきた．そして，それを実現させるための効果的なトレーニング法，栄養の摂取，コンディショニングなどの研究が進み，選手に提供されることで新たな技術が生まれている．

（3）競技場，ユニフォーム，道具などの技術の進歩

陸上競技場のトラックの素材の進歩により，陸上競技の記録は飛躍的に伸びてきた．トラックの素材は，戦前は土や灰などでできたシンダーであったが，その後，アンツーカーになり，近年は高速トラックといわれる合成ゴム系やウレタン系のものが使われている．シンダーでは，柔らかく，ずれが生じるため，足の力がそのまま推進力とならないのに対して，高速トラックといわれるものは堅く，ずれがないため脚力を効果的にスピードに変えられるためスピードが出るのである．また，陸上競技や水泳競技のユニフォームも風の抵抗や水の抵抗を少なくした素材や縫製が導入され，記録アップに貢献している．さらに，スキーの場合，スキー板やブーツなどの用具の改良はめざましいものがある．昔に比べて，スキー板は摩擦が軽減され，雪の上をずれることなくカーブを描けるようになり，ブーツは足の動きが的確にスキーに伝わるようになった．さらに毎年，新しい機能や性能を持った製品が開発され，それに伴ったスキーテクニックが編み出されている．つまり，用具の技術革新によって身体技術の技術革新が促されているのである．

（4）スポーツ種目ごとに特化した体格などの選別

近年は，各スポーツに最適な，また特徴的な体格や身体能力によって競技選手が選別され，トレーニングされるようになった．昔は，平均的な体格が最もスポーツに適していると考えられていたため，どのスポーツも同じような体型の選手で占められていた．しかし，現在では，スポーツ種目により，より適した体格があるということで，種目に適した体格の選手が選ばれるようになったのである．たとえば，バスケットでは背の高い選手，体操競技では小柄な選手，

相撲では大きな体の選手という傾向が強くなっている．さらに，それぞれの種目で求められる筋力，瞬発力，持久力などが明らかにされて，それを伸ばすトレーニング方法が開発されて，実践されるようになった．このことで，記録が向上したり，競技の専門性が極めて高度化したりするようになっている．また，遺伝子レベルでの足の長さや筋肉の質など身体的な特徴や運動機能の差に着目して，一流スポーツ選手を育成していくことで，記録を伸ばすことができる時代になっているのである．

（5）マインドセットによる人間の潜在能力の開発

マインドセットとは，それまでの経験や教育，先入観，偏見などから形成された意識，あるいは思考様式や心理状態のことである．このマインドセットに基づいて私たちは物事を判断したり，方針を決めたりしている．

近年，このマインドセットの考え方がスポーツにも適用されている．たとえば，日本で誰も破れなかった100メートル10秒の壁を桐生祥秀選手が破った．その後，短い期間に次々と9秒台で走る選手が出てきた．このようなことは他の種目でもよく起きることである．これは，人々のマインドセットが変わったからである．つまり，破れないと思っていたものが，私も破れる可能性がある，という意識に変わると実際に実現していくのである．また，人間は身体能力を100％は発揮しないように無意識的にコントロールしているが，マインドセットを変えることでその限界を超えることができ，新記録を樹立したり超越的な技ができたりするようになるのである．

（6）ICTによるスポーツの技術革新

ICT（Information and Communication Technology），つまり情報通信技術の発達で，スポーツが変わろうとしている．1つは，スポーツ技術を向上させるための手段として活用がはじまっている．たとえば，バスケットボールでは全面がLEDでできたコート上で選手が動くとその動きがリアルタイムで可視化できる装置があり，それをもとに理想的な動きをコート上に表示し，その軌跡を追っていくことで動きを体得できるというトレーニングシステムが開発されている．また，それを試合に使えば，プレーヤーの動きがコート上に映し出され，

観客が楽しむこともできるのである.

　もう少し観客の側から技術革新をみれば，SNSを駆使して仲間と情報を交換しながら観戦したり，有料インターネット放送（bjTV）を見ながら観戦することができる．bjTVでは，タブレットやスマートフォンで直接投稿したり，選手のプレーや審判の判定をリアルタイムでテキストデータとして確認したりできる新たなサービスを提供している．これらのことからも，スポーツにおけるICTの活用が広がっていくと考えられる．

　このように，ICTの発達で，今や「するスポーツ」だけでなく，「見るスポーツ」の技術革新も推し進められているのである．

参考文献

栗本慎一郎『意味と生命――暗黙知理論から生命の量子論へ――』青土社，1988年.

永井康宏『体育原論』不昧堂出版，1983年.

楢舘孝寿「スポーツにおけるICT技術活用の現状について」『京都総研ビジネスレポート』
　　2016年5月.

ポランニー・マイケル『暗黙知の次元』高橋勇夫訳，ちくま学芸文庫，筑摩書房，2003年.

メルロー・ポンティ, M.『知覚の現象学』竹内芳郎・小木貞孝訳，みすず書房，1967年.

Epstein, David "Are athletes really getting faster, better, stronger?," TED, 2014
　　(https://www.ted.com).

Chapter 13 スポーツと美

1. 美とは（スポーツの美学とは）

　人間の精神が探究する普遍的な価値の在り方については，プラトン以来，真・善・美という3つの焦点がある．

　「美しい・愛しい」（うつくしい）という語を『広辞苑（第七版）』で見ると，「①愛らしい．かわいい．いとしい．②㋐形・色・声などが快く，このましい．きれいである．㋑行動や心がけが立派で，心をうつ．③いさぎよい．さっぱりして余計なものがない．」とされている．また，同じく「美」（び）を調べると，「①うつくしいこと．うつくしさ．②よいこと．りっぱなこと．③〔哲〕知覚・感覚・情感を刺激して内的快感をひきおこすもの．『快』が生理的・個人的・偶然的・主観的であるのに対して，『美』は個人的利害関心から一応解放され，より普遍的・必然的・客観的・社会的である．」となっている．

　今道友信が「美は自然の事物等に対する感覚的に素朴な印象から，芸術作品に対して抱く感動の感情，あるいは人間の行為の倫理的価値に対する評価にいたるまで，様々な意味と解釈の位相を持っている」と述べているように，「美」には，直接の知覚や感覚によるものだけでなく，精神的に感じられるものもあるのである．これを「超越美」と呼ぶこともある．たとえば，「あの選手の生き様は美しい」とか「美しい心の持ち主」などという例がそれである．

　このように「美」を一義的に定義づけることは，非常に困難であるが，これら自然や芸術などの美的現象一般を対象として，美の本質やその内的，外的条件から構造を解明し，理論的に基礎づけようとする学問領域が「美学」である．

　「美学」という言葉は，学問領域を表す一方で，「引き際の美学」のように，

「美しさに関する独特の価値観・こだわり．」(『広辞苑』第七版)といった意味も持ち合わせている．よって，「スポーツの美学」といった場合には，スポーツ選手のその競技に対する価値観やこだわりを表現する場となることもあり，スポーツを文化論的な視点で考える場合，興味深い考察の対象となる可能性を秘めている．

2. スポーツは芸術か（スポーツで表現される美）

スポーツの中には，美を意識し，美を創造することを1つの目的として行うスポーツもある．

スポーツの美学の領域では，スポーツが芸術か否か，という論争があるが，芸術が「美」を意図して創作，表現されるのに対して，スポーツは「競争する」という本質的な目的を達成するために行っているのであり，その結果として「美」が現れることがあるということであるから，同じ「美しい」ものであって非常に近い関係にあるとはいえるものの，スポーツ＝芸術ではない．つまり，スポーツは美しくあろうとして「美」を追求しているのではなく，あくまで勝利を求めて行った結果として，「美」が出現することがあるということである．スポーツの目的は，勝利を目指して最大限の努力を通して「競争」することであって，美しいものをつくることが目的ではないのである．

3. スポーツにおける美の対象

では，スポーツの場面において，どのようなところで「美」を発見することができるだろうか．美学の観点からいえば，美的対象は，その基本構造として，「素材」「形式」「内容」をもつ．

（1）「素材」

スポーツにおける美の対象の「素材」とは，スポーツ実践者がスポーツを行う空間で実践したとき，そこで生じる現象が美的であるといわれるときの，その現象の構成的な要素である．その要素とは，具体的にはスポーツ競技が展開

されるための「空間的環境」,「用具」, 当事者である「スポーツ実践者」である.

　私たちは, オリンピックのメインスタジアムのようにデザイナーがデザインした斬新な競技場の美しさに驚かされることもあるし, 陸上競技場のタータンのトラックにラインが整然とひかれ, その幾何学的な美しさに心を奪われることもあるだろう. さらにJリーグのサッカーでは, 整備されたピッチの芝の青さなどにも美しさを感じる. また, 競技者たちのコスチュームやチームで統一されたユニフォーム, その競技で使用する洗練された用具の形状などにも美しさを感じることがある. しかし, 空間的環境や用具が準備されても, スポーツにおける美しさの対象は成立しない. そこで実際にプレイするスポーツ実践者が最も重要な素材だからである. 素材である実践者には, そのスポーツを実践するだけの技術と, そのスポーツのルールを守って一生懸命にプレーする意志が求められる. 技術が不十分でそのスポーツで存分に能力を発揮できない, あるいは技術があっても, やる気がない, 全力や最善を尽くさない実践者の行うスポーツからは, 美しさなど生まれるはずがないからである.

（2）「形式」（フォーム）

　身体技能を使って競うスポーツにおいては, 形式（フォーム）は特別な重要性を持っている. スポーツ運動の美の性格は, これまでも研究され, 統一的結合関係を規定する形式（フォーム）の法則ともいうべきものが提示されている. 運動の巧みさや合理的な運動経過の問題は, マイネルの運動学などの運動の調和という考え方に代表されるが, スポーツ美学の視点から美的なスポーツ運動をみてみると,「流動性」「リズム」「スピード」「技術」「パワー」「統一性」「複雑さ」「強烈さ」「調和」「均斉」「つり合い」「正確さ」「タイミング」などであり, 運動学によるスポーツ運動の本質的特徴の分析と符合する. つまり, スポーツ運動の美は, スポーツ運動の本質の現象形態であると考えることができるのである.

　スポーツ運動は, 合目的性と経済性の原理に依拠しており, したがって, スポーツ運動が技術的に巧みさに支えられて,「正確」に,「流動的」で「リズミカル」に, そして「ダイナミック」に「調和」をもって, かつ運動課題に合致

し効率的になされる時，美的になるということができるのである．

このように，スポーツの「形式」には，いくつかの特質があるが，重要なことは，それらの全体的統一としての「調和」である．運動の調和は，運動の形態（「形」）の美しさに限定されるものではなく，多くの要因の統一によってもたらされる最高の形式原理である「多様における統一」でもある．運動の正確性，流動性，リズム，力動性といった諸特質の高度の充実が，運動の調和という統一をもたらすのである．

（3）「内容」

スポーツにおける美しさの対象の内容は，それを生み出す当事者であるスポーツ実践者が無意図的に表出するものである．そこで表出される美しさの内容は，スポーツ実践者のスポーツ運動とゲームが生み出す劇的特質がもたらす「生命力」と「人格性」である．

スポーツ運動の美しさは，スポーツ技術によってもたらされるのであるから，それは，一種の技術美である．技術美は，有用性と結びついたときには機能美とも捉えられる．この機能美にスポーツ運動の美しさを生命力といった価値的なものへと結びつけると，トップアスリートのような実践者だけが対象となるだけでなく，成長過程にある若いスポーツ実践者の表出する美しさにも当てはめて考えることができる．

また，スポーツにおける美しさの内容として考えるべきもう1つの対象は，「人格性」である．スポーツのドラマティックな展開にみられる劇的特質は，人々を感動させる美しさの源泉の1つである．たとえば，野球の試合で最後のバッターが一塁に（走り抜けた方が早いと言われているが）ヘッドスライディングして，泥だらけのユニフォームになって汚れてアウトになっても，その心をうつプレーの様に「美しい」と感じる場合もあるのである．

4. スポーツにおける美の構成契機

やはり「スポーツの美」について考えるには，スポーツが身体運動を伴うことを前提とするならば，何と言っても競技者のダイナミックなプレーや華麗な

パフォーマンス，素早く無駄のない動き，キレ味の良い技など，実践者の発揮する技術や表現される動きを通して感じる美なのではないだろうか．

　この時，何のどのようなところに美しいと感じるか，またその感じ方もその観戦者によって様々である．そのスポーツの実践経験やその技術の意味や内容の理解の度合いによって，そのスポーツにおける美しさの理解や感じ方に差が出てくるし，同じような感性を持っていれば共通の美しさを共有することができる．つまり，スポーツの美は，その技術を行っている実践者側だけにあるのではなく，それを見出す観戦者の経験や能力にも関係していることがわかるのである．

　現象としての形や動きのフォーム，動きの滑らかさや力動感，無駄のない経済的な動きが技や結果に有効に働いたときに，観ている者や一緒にプレーしている者に感動を与えるのである．

　特に，同じ身体を持つ人間同士，人間の持つ生命力や追体験に重ね合わせ，人間の持つ可能性を感じるとき，実践者のスポーツに集中し競技に没頭する姿や真摯な取り組みに心が動かされ，感動するのも，また観戦者の経験や能力によって左右されるといえるであろう．

　見た目に「美しいこと」だけではなく，陸上短距離などで「きれいにスタートを切った」，バレーボールで「いいトスがあがった」，柔道の投げ技で「みごとな一本」などと言うように，「よいこと」「りっぱなこと」や余計なものがない（無駄がない）なども意味することから「みごとなこと」などもスポーツの美として捉えられている．野球などのファインプレーに「美技」という字を充てて表現するように，芸術性がその採点を左右するフィギュアスケートや新体操だけにスポーツの美が見出せるわけではないのである．つまり，私たちはスポーツに対して，客観的にすばらしい美的なものや優れた技術・動きだけを見て「美しい」かどうか判断しているのではなく，感性的直観に訴えかける価値もまた，私たちの感性を刺激し感動させたときには，「スポーツの美」となる可能性があるのである．

5. スポーツ実践者と美

　観戦者が実践者の運動に美を感じたとき，プレーをしている実践者自身は，おそらくプレーに集中しているのであり，意図的に美しさを表現しようとしてパフォーマンスを行ったわけではないだろう．結果として，実践者の運動が観戦者の心に映り，観戦者に美を感じさせたのである．実践者は全存在をかけて競技に没頭しているのであり，観ている者に，美しさを魅せたり，感動を与えたりすることを目的として競技を行っているわけではない．実践者自身，自ら目標とした技ができたとき，また，優れた技術（完成度の高い技術）が発揮できたときに，満足感や達成感，充実感が湧き，スポーツを行う意味を実感できるのである．

　2004年のアテネ・オリンピックで競泳の北島康介選手が，男子100メートル平泳ぎ決勝で，1分0秒08のタイムで優勝した直後のインタビューでは「チョー気持ちいい」の名言を残し，その年の流行語大賞にもなった．この時の北島選手は，「快」の感覚であったと思われるが，スタンドの観衆やテレビの前の観衆も，水を得た魚が水と一体になって泳ぐかのようなその泳ぎに「美」を感じたことであろう．また，2008年の北京・オリンピック男子100メートル平泳ぎ決勝では，世界新記録となる58秒91のタイムで同種目史上初の2連覇を成し遂げ「何も言えねぇ」という名言を残しているが，この時も抗うはずの水を味方にしたかのような，美しく完成された泳ぎには，本人の中でも自ら発揮している技術が上手くいっている，理想的な泳ぎができているという技術の完成度の自己評価が見られ，「理想の泳ぎでパーフェクトだと思います」とコメントしている．このように，ある意味「美」的な自分の泳ぎを客観的に評価しているのである．観る側の多くの観戦者にも大きな感動が与えられたことであろう．

　スポーツなどの技術を習得していく場合，モデルやお手本となる選手の動きやその動きを生み出す身体を「美しい」と感じることも多くあるだろう．たとえば，野球において，王貞治選手もイチロー選手も偉大なバッターであるが，同じ左打者であり，世界の記録を持っているバッターにも関わらず，そのバッティングは，全く異なる．しかし，王選手の一本足打法でホームランを量産し

た打撃フォームも安打製造機のイチロー選手の華麗なバッティングフォームも芸術的であり，美的である．それぞれに技術の発揮の仕方として合理的であり，その無駄のない精密機械のような体が相手の様々な投球に対して，臨機応変，自由自在に技術を発揮するのである．その技術を発揮する体には，機能美さえ備わっている．スポーツのトップアスリートは，ボディービルダーのように，初めから表現するために体を作っているのではない．自らの技能を最高に発揮するために，努力した結果，その競技の結果に結びつく最高の機能を宿した身体ができ上がっているのである．これはある意味，走りを追求した結果生まれたスポーツカーが美しい形状を生み出していることと似ている．

6. 美を競うスポーツ

競技スポーツは，その本質から一定のルールのもとに，身体能力や技術を競い合う形式をとる．そこでは，勝敗の決定の仕方によって，測定競技，判定競技，評定（採点）競技の3領域に区別されるが，このうち運動経過の美的価値によって勝敗を決するスポーツが評定（採点）競技である．評定（採点）競技における美的価値は，今ここに流れる現前化の動きの中にのみ顕在化される．そのため，評定（採点）競技は専門的な観察能力を有する審判員に採点を託さざるを得ない．演技時間は決められているものの，陸上競技や水泳競技のように時間や距離の測定で順位や優劣を決めたり，格闘技やチーム形式の球技のような判定によって勝敗を決するものとは本質的な違いがある．たとえば，オリンピック種目でみると，フィギュアスケート，体操競技，新体操，シンクロナイズドスイミング，フリースタイル・スキーのエアリアル，スノーボードのハーフパイプなどである．これらの競技では，ジャッジが選手の技術をでき映え点として評価し，それに演技構成点を加えて，その合計の得点で順位を決める仕組みである．競技内で発揮される技術を競い合うだけでなく，意図的に表現する演技をすることで順位を競うのである．演技構成による芸術性や技の完成度，正確さなど演技された内容がかなり大きな要素として採点され順位が決められる．その他，演技的な要素は少ないが，水泳の飛び込みやトランポリンなどは，技の難易度や空中の高さのほか，技の美しさや姿勢の美しさなどが採点の大き

な割合を占め，スキージャンプ，フリースタイル・スキーのモーグルなどでは，計測される距離やスピードなど数値とともに発揮される技の完成度として，空中におけるフォームの美しさ（テレマーク姿勢を含む飛型点やエア点など），高さなどが採点の一部になっている．結果的に，芸術的な評価が求められる競技であっても，競技者は勝利することを目指して，より難易度の高い技術にチャレンジするのである．そこで，高い得点に結びつくためには，より難しい技が完成度高く行えることが高得点に結びつくのである．つまりスポーツで目指されている「美」は合目的的なのである．

　主観的な採点によって勝敗が決する評定（採点）競技には，常に客観性や公平性を巡って問題が内在している．2016年5月17日には，富士通が，人間の動きを立体的に捉えるレーザーセンサーと骨格認識技術を応用して，体操競技の採点をサポートする技術を発表した．2021年の東京オリンピック2020では使われなかったが，すでに2019年にドイツで行われた世界選手権において，男子の鞍馬とつり輪，男女の跳馬で採点支援システムが導入されている．数学的形式化による客観性の確保は，運動芸術性の本質を破壊する危険性をはらんでいるだけに，厳密な本質分析が今後も必要不可欠となるであろう．

参考文献

今道友信「美学と芸術理論」『岩波講座哲学（14）芸術』岩波書店，1969年．
勝部篤美『スポーツの美学』杏林書院，1972年．
金子明友『わざの伝承』明和出版，2002年．
グルーペ，オモー『スポーツと人間——文化的・教育的・倫理的側面』永島惇正・岡出美則・市場俊之・瀧澤文雄・有賀郁敏・越川茂樹訳，世界思想社，2004年．
トーマス，キャロリンE.『スポーツの哲学』大橋道雄・室星隆吾・井上誠治・服部豊示訳，不昧堂出版，1991年．
樋口聡「スポーツと美」『21世紀スポーツ大事典』大修館書店，2015年．
樋口聡「スポーツの美の価値内容としての生命力と人格性」『体育・スポーツ哲学研究』第4・5巻，日本体育・スポーツ哲学会，2010年．
樋口聡『遊戯する身体』大学教育出版，1994年．
マイネル，クルト『マイネル・スポーツ運動学』金子明友訳，大修館書店，1981年．

Chapter 14　スポーツとボランティア

　近年，スポーツとボランティアは，切っても切れないくらい深いつながりがある．オリンピックやワールドカップ，市民マラソンなど，ほとんどのスポーツイベントは，スポーツボランティアがなければ成立しない．また，総合型地域スポーツクラブのほとんどが，ボランティアの指導者によるものである．
　このように，ボランティアはスポーツの維持，発展に寄与しており，表裏一体の関係になっていると言えよう．
　ここでは，ボランティアについて，その本質や要件を明らかにしたうえで，スポーツボランティアの内容を吟味し，その意義を明らかにしたい．

1.　ボランティアとは

　ボランティアは，一言で言えば，「自発性に基づいた社会事業活動」，あるいは「自発性に基づいて社会事業活動をする人」である．
　まず，ここでは一般的なボランティアの要件についてふれておこう．
　ボランティアのあり方は様々であり，これがボランティアである．というように，1つに限定できるものではないし，それを確定する必要もない．そのことを踏まえたうえで，ボランティアの要件について主なものを上げておきたい．
　ボランティア活動の要件はいろいろあるが，それらにほぼ共通する，あるいは上位原理としてあるのが自発性，利他性，公共性である．一方，必ずしも全てには当てはまらないが個々のボランティアの特徴としてあるのが下位原理としての無償性，創造性（先駆性），責任性，継続性などである．

（1）上位原理
① 自発性
　ボランティアは強制されるものではない．ボランティアは，自発的・自主的に参加することが大前提である．個人としての考え方に基づく行為であり，国や行政に束縛されない自由意志によるものである．つまり，本質的に，国や行政の枠や制度を超えた個として自立した自由な行為や立場である．
② 利他性
　ボランティアは自分の利益のために行うのではない．利他的なものであり，他者のためになることが前提である．ボランティア活動の対象となる多くは，何らかの切迫した状況に追い込まれている．したがって，良かれと思って行った行為が，相手に対して迷惑やマイナスになれば，その行為は普通以上に大きな罪と成り得る．その行為が相手の利益に通じるようなことでなければならない．
③ 公共性
　私の近しい人，たとえば子どもや親，親友に対して行う行為はボランティアとは言わない．自分と人間関係が直接ない人たちに対してするのがボランティアである．他人のため，公共の福祉のために行うことをボランティアという．これは，市民としての義務と表裏一体である．

（2）下位原理
① 無償性
　無償性ということだが，これは報酬を貰うために行うことではないということである．
② 創造性・先駆性
　ボランティアとは社会の欠陥を補うだけではなく，時代を先取りしてよりよい社会のためにいち早く，新しいことを創りだしていくことも必要だと言われている．
③ 継続性
　ボランティア活動は，その必要性が終わるまで続けることが大切である．もちろん，1回でも人を救えることはいくらでもあるが，ある程度本格的な活動

や組織としての活動を前提とした場合は継続性が問題となる．
④ 責任性
　ボランティアは，自分の意志で行うものであるが，同時に，活動を開始した以上，相手に対して責任が生じる．無責任な行為は許されない．

　以上，ボランティアについて考えてきたが，もう1つ，「ボランティア活動は人のために行う」とよく言われるが，そのような一方的なことではないということについて考えてみたい．
　確かにボランティアは利他的な行為が前提であるが，それは同時に自分のためでもあるのだ．これは，「自分の成長のためとか」，「情けは人の為ならず」という次元の問題ではない．もっと，根源的なことである．たとえば小さな子どもが目の前で転けたとする．その時，私が「起こしてあげたい」と思って，その子どもを抱きかかえて起こしたとする．見てみると怪我もしていない．「良かった」と思った．このことと，「お腹がへった」「ご飯を食べたい」と思い「美味しい物が食べられた」ので「良かった」と思ったという場合を比較してみると，私の心の一連の動きとして捉えれば，「自分が〜したい→〜ができた→良かった」ということで，同じ構造なのだ．違いは，「ご飯が食べたいな→食べられた→よかった」の場合，「自分の利益のために自分がやろうと思った」ということでありボランティアには成り得ない．ボランティアというのは，相手の利益のために自分がやろうと思った」行為でなければならず，しかもボランティアをした方もしてもらった方もお互いが「よかった」と思うWin-Winの関係が成り立つことである．ここで，大切なことは，まさに何かを自分が「したい」と思った時点で自分のためである．そのように考えたら，人のためにやろうと思ってそれができた時点で，自分のためにもなっているので一連の行為は完了しているのである．したがって，たとえば相手がお礼を言わなかったから腹が立つということはおかしな話である．もちろん，お礼を言われれば嬉しいが，それはあくまでプラスアルファと捉えるべきことである．むしろ，自分がやりたいことをやらせてもらったということで，感謝の気持ちを持つのは私の方なのである．

2. スポーツボランティアとは

　私たちは，様々なスポーツに関わることで，豊かな人生を送ることができる．その関わり方には，3つある．
　まず，「する」という関わり方である．地域のサッカーチームでプレーをしたり，ママさんバレーで地域の代表で試合に出たり，毎日ジョギングをして楽しんだりということである．
　次に，「みる」という関わり方がある．たとえば，プロ野球やJリーグの試合を観戦するために，球場や競技場に出向く，あるいはテレビで見るというものである．
　最後に，「ささえる」という関わり方がある．これをスポーツボランティアと呼ぶ．この「ささえる」活動こそが，スポーツの発展や維持に大きく貢献しているのだ．また，スポーツボランティアは，地域社会の活性化やまちづくり，子どもたちの人間形成に大いに役立つ．さらに，東日本大震災などの大災害後の復興の力にもつながる．それとともに，なにより，自分自身の趣味や特技が社会のため，人のために活用できるというのは，非常に意義のあることである．
　このスポーツボランティア活動は，「スポーツをささえる」というボランティアと「スポーツを通じてささえる」という2つがある．「スポーツをささえる」というのは，スポーツ活動が活発に行われるように私たち市民がサポートするボランティア活動である．一方，「スポーツを通じてささえる」というのは，スポーツ活動を行うことで，地域の活性化や困っている人々をサポートするボランティア活動である．
　次に，各々スポーツボランティア活動について話を進めていこう．

3. スポーツボランティアの種類

　近年，スポーツボランティア活動が，一層その意義・価値を認められるようになってきており，ボランティアなしでは成立しないスポーツ大会やクラブ活動が数多くある．

Chapter 14 スポーツとボランティア

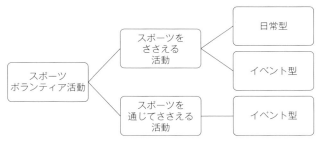

図14-1　スポーツボランティアの分類

(1)「スポーツをささえる」活動

① スポーツ大会などのサポート（イベント型）

スポーツイベントボランティアは，スポーツ大会やスポーツ講習会の運営，開催を支えるボランティアである．

長野オリンピック冬季競技大会（1998年）においては，約4万4000人のボランティアが大会の成功を支え，その活動が国際的にも高く評価された．これ以降，大小を問わず様々なスポーツイベントにおいて多くのボランティアが参加し，イベント運営を支えている．世界規模のワールドカップやオリンピックなどの国際競技大会から，国民体育大会や市民マラソン大会，さらには地域の運動会や子どもたちのスポーツ大会までスポーツイベントには多くのボランティアが参加している．実際，ほとんどのスポーツイベントは，種目団体の役員や補助員だけでは競技イベント全体の運営までなかなかできないのが現状で，ボランティアが必要不可欠となっている．具体的な活動内容としては，選手の誘導や観客の案内，会場整理，場内アナウンス，給水スタッフなどの「一般ボランティア」がある．さらに，専門的な知識や技術を必要とする「専門ボランティア」として，審判員，医療スタッフ，救護スタッフ，データ処理などがあり，国際大会の場合は通訳や翻訳のボランティアが必要となる．共に，イベントを成功させるために大切な役割を担当している．

② 運営するスポーツボランティア（日常型）

地域や子どもたちのクラブ運営にボランティアとしてかかわるのも，スポーツボランティアの1つである．最近では，市民が集まってNPO法人（特定非営利活動法人）を設立し，地域の子どもからお年寄りまでをカバーしたスポー

クラブを運営しているケースがある.
　さらに，スポーツ少年団や総合型スポーツクラブの運営を担当する役員や世話役も，いわゆる「運営ボランティア」によるものが多くある.
　③ スポーツ指導（日常型）
　日常的なボランティア活動の典型的なものとしては，スポーツの指導があげられる.　多くのスポーツ少年団や総合型地域スポーツクラブは，ボランティア指導者のボランティアによって支えられている.　これらの活動は，日常的で定期的な活動である.　彼らは，子どもたちや市民の技術的な指導はもとより，人間教育の担い手でもある.　そして，指導だけではなく，練習場所や練習試合のセッティング，大会へのエントリー，事務作業などを担当することも少なくない.
　④ 障害者スポーツへの支援（日常型・イベント型）
　パラリンピックやスペシャルオリンピックに代表されるように障害を持つ人たちも様々なスポーツを楽しんでいる.　クラブ・団体運営やスポーツ指導，サポート，大会運営，競技をする人の介助など，様々なボランティアが必要とされている.

（2）「スポーツを通じてささえる」活動（イベント型）

　スポーツを通じてのボランティア活動の主役は，プロスポーツ選手やオリンピックの金メダリストなどの有名選手である.　また，Jリーグやプロ野球球団などのスポーツ団体によるボランティア活動もこれにあたる.　プロスポーツ選手やオリンピック選手などは，社会的影響が大きく，特に子どもたちに夢や希望を与えるという点において大きな存在である.　また，東日本大震災などの大規模災害後の被災者に対して，多くのスポーツ選手が，様々な支援活動をしているが，これらの活動は被災者の心の支えとなり，復旧・復興への力となっている.
　さらに，プロスポーツ選手やオリンピック選手などは，スポーツの分野に限らず，その知名度などを活かして，福祉や青少年の健全育成などの幅広い分野においても，ボランティア活動を行うことが望まれている.
　また，私たちも，スポーツ選手のボランティア活動に参加することで，チャ

リティイベントへの参加料という形で貢献することができる．

4. スポーツボランティアの意義

　人間は，他の動物と比べ物にならないほど進化し，高度な文化，文明を獲得してきた．その大きな理由の1つは，「競争」という概念を持ち，他者と常に競争という行為を続けてきたからである．そして，スポーツはまさに競争を中核とした身体運動文化であり，勝利を目指して行うことを前提としている．それに対して，人間には他者との関係において，競争のように対立する関係だけではなく他者とつながる関係もある．それは，愛とか「分かち合い」といった概念であり，心である．競争原理に基づいて「得る」ことだけを志向しないで，愛や分かち合いという原理に基づいて「与える」という志向が，他者を助け自分の人生を豊かにしていく．この競争と分かち合いが，人間の社会をここまで発展させてきたのである．

　ところで，スポーツは競争原理に基づく身体運動文化である．それに対して，スポーツボランティアは，分かち合い原理に基づく行為と言えよう．なぜかといえば，ボランティア自体が他者のため，自分の能力や力を他人のために使うことで勝ち負けとは違う価値を得ることだからだ．たとえば，スポーツイベントの場合，試合そのものは競争原理，大会を運営し支えるスポーツボランティアは分かち合い原理ということになる．両者が存在することで，全体としてバランスのとれた時間空間が形成されているのである．つまり，スポーツボランティアの意味は，それがなければ費用的にスポーツ大会が開催できないといった実利的な意義だけではなく，その大会全体の人間性を担保するためにも，競争原理に基づいた「スポーツ」と分かち合い原理に基づいた「スポーツボランティア」はセットで存在するほうが，厳しい中にも温かみのあるイベントとして，あるいは人間を疎外しかねない競技スポーツを人間味のあるものにすることができるのである．

　このように考えてくると，昔のスポーツ競技大会よりも現在の大会の方が，大会全体としては人間味のある大会となっているのではないか．さらに，スポーツ界全体で考えても，スポーツボランティアのあり方がこれからのスポーツの

発展の質と量を左右するように思われる．

　スポーツボランティアが活発に行われ多くの人々が参加することによって，ボランティア精神がスポーツ精神に組み込まれることで，スポーツ文化の醸成につながることを期待したい．

参考文献
前林清和「スポーツとボランティア」『身体運動文化研究』20-1，2015年．
前林清和『Win-Win の社会をめざして——社会貢献の多面的考察——』晃洋書房，2009年．

Chapter 15　スポーツと政治

　私たちが，スポーツを楽しむレベルでは「スポーツと政治」などという命題は頭に浮かばないし，また実際に私たちが行うスポーツと政治は無縁である．しかし，オリンピックなど国際大会を見ればスポーツと政治は密接に関わっているように思われる．つまり，スポーツは，そのレベルが高まり，イベントの規模が大きくなればなるほど政治との関係が強まっていくのである．

　したがって，ここでは「スポーツと政治」がどのように捉えられてきたのか，また関係しているのかについて，国際大会レベルに焦点をあてて考えていきたい．

1. 政治と宗教とスポーツ

　古代からスポーツは，政治と関連した行事である「祭」の中で行われてきた．古代では「祭政一致制度」，つまり祭祀の主宰者が政治権力のトップであるという国家形態によって国を治めていた．古代エジプトや中国の殷王朝がそれであり，古代ギリシャや古代ローマも祭政一致が看取される．

　なにより，わが国は，古来より邪馬台国は卑弥呼による呪術的権威による祭政一致の政治形態をとっていたし，大和朝廷以来，時代によって濃淡はあるが天皇制度のもと祭政一致によって治められてきた．したがって，わが国では，政治のことを政（まつりごと）とも呼び，政治がまさに「祭り事」であった．

　そして，祭（祭祀）の際には，神霊に対して供物や行為等，様々なものが捧げられ，儀式が行われるが，その行為がスポーツや武芸，舞踊などであった．したがって，スポーツと政治は古来より非常に関連が深いのである．

（1）日本の祭と身体運動文化

神社では，古代から神事として相撲や射礼，流鏑馬（やぶさめ），競馬（くらべうま），神楽（かぐら），能楽（のうがく）などが神に捧げる儀式として行われきた．

たとえば，相撲は，「相撲節会（すまいのせちえ）」として奈良時代から平安時代にかけて宮中において農作物の収穫を占う国家行事として行われていた．また，流鏑馬は，平安時代から行われており，現在も天下泰平・五穀豊穣を祈念し，神社の神事として，京都の下鴨神社や鎌倉の鶴岡八幡宮など日本各地で盛んに行われている．

（2）古代オリンピック

古代オリンピックは，紀元前776年からローマ時代の紀元後4世紀まで1200年近くにわたり，4年に1度，293回行われたのである．

この祭典は，古代ギリシャの最高神であるゼウスに捧げるために，オリンピアの地で行われていた宗教行事であった．全能の神ゼウスをはじめ多くの神々を崇めるために様々なスポーツを行う競技祭であった．

オリンピア祭典競技のほかにも，いくつもの競技祭があり，コリント地方の「イストミアン・ゲームズ」，ネメア地方の「ネメアン・ゲームズ」，デルフォイ地方の「ピシアン・ゲームズ」が，オリンピア祭典競技と合わせて4大祭典競技として有名である．

古代オリンピックで行われた競技は，スタディオン競走（約191m），ディアロウス競走（約382m），ドリコス競走（約3820m），ペンタスロン（短距離競走・幅跳び，円盤投げ，やり投げ，レスリングの5種競技），レスリング，ボクシング，戦車競走（4頭立ての戦車），パンクラティオン（総合格闘技）などである．早くからプロ化し，優勝者には名誉と莫大な富が与えられた．

古代オリンピックでは，ギリシャ全土から多くの競技者や観客が集まり，大規模に開催され続けた．時には，ポリス間の戦いがあるにも関わらず4年に1度，「聖なる休戦」と言われるように戦争を中断してまでも実施されたのだ．このことは，スポーツが如何に宗教的儀礼として重要であったかということと，休戦という国家間レベルの高度な政治的判断がされるほど，政治との関連が深かったことを如実に表していると言える．

図15-1　古代ギリシャのオリンピア
出典：Pierers Universal-Lexikon, 1891.

(3) 近代スポーツ

　近代スポーツは，18世紀のイギリスではじまった．それまでヨーロッパ各地の都市や農村で行われていたスポーツは，ローカルなものであり，ルールも整備されておらず，暴力的で血なまぐさいものであった．たとえば，中世から行われていたストリートフットボールは，しばしば暴徒化し，政府から禁止令が出された．それに対して，近代スポーツは近代合理主義に基づき，それまでの伝統的なスポーツからローカル性や祝祭性，暴力性を排除して，統一ルールよって規格化し展開していった．特に，イギリスのウィンチェスター校やイートン校などの多くのパブリックスクールでは，スポーツを重視し教育に取り入れた．そのなかで，パブリックスクールや大学のチーム同士が対抗戦を行うようになり，種目ごとにルールの違いから衝突が多発したため，ルールを統一するための統轄団体が組織化されフットボール・アソシエーションが設立された．また，パブリックスクールや大学はエリート階級の子弟が集うため，上流階級からの影響でアマチュアリズムやフェアプレーの精神が強調されるようになった．

　このような環境のなか，スポーツは急速に，ルール，リスペクトの精神など

が整備された．これは民主主義社会を形成していくうえで，必要とされる市民としての精神性や社会性そのものである．つまり，スポーツを通して民主主義社会の精神性を育成しようというのが，近代スポーツの一側面である．したがって，イギリスのパブリックスクールやオックスフォード大学，ケンブリッジ大学において，スポーツがエリート教育の一環として盛んに行われてきたのである．

国の在り方を将来に具現化するための手段が公教育であると考えるならば，公教育にスポーツが積極的に組み込まれるようになった時点から，スポーツが政治の影響を受けるのは必然と言える．

2. 近代オリンピックと政治

われわれは，よく「スポーツと政治は無関係であるべきだ」とか「スポーツは政治的に中立であるべきだ」というが，近代スポーツの最高峰のイベントである近代オリンピック自体が政治色の濃いものと言える．なぜならば，近代オリンピックは当初からスポーツを通じての若者の教育とより平和な世界の建設に協力することが，その根本原則としてある．平和そのものが極めて政治的な言葉であり，先に述べたように教育も公教育となると政治との関連が深くなるからである．

ここでは，政治に翻弄されたオリンピックをいくつか取り上げてみよう．

（1）ベルリンオリンピック

民族意識や競争心は自然なものだが，政治に使われると不幸な結果を生む．

「政治によるスポーツの利用」の代表的な例は1936年8月にナチス独裁政権下で開かれたベルリンオリンピックである．

ベルリンオリンピックは，期間中莫大な費用を使って世界中にドイツの優秀さをプロパガンダすることに成功した．ドイツは金・銀・銅いずれも30個を超えるメダルを獲得して，ドイツ人の「優秀人種」ぶりを世界に見せつけた．ヒトラーは連日のようにスタジアムを訪れて，熱烈に歓喜する観衆に答えた．しかも，オリンピック期間を含む前後はユダヤ人に対する迫害政策を中止したこ

図15-2　ベルリンオリンピック開会式に入場するヒトラー

とで，オリンピックのために訪れた外国人によってドイツに好意的なイメージが世界に発信された．しかし，この大会の3年後の1939年にヒトラーはポーランド侵攻を機に第二次世界大戦に突入したのである．

（2）ミュンヘンオリンピック

1972年，ミュンヘンオリンピックが西ドイツ（現在のドイツ）のミュンヘン市で開催されたが，会期中にパレスチナゲリラ「黒い9月」が選手村にあるイスラエル選手宿舎を襲撃する事件が発生した．イスラエル選手団のレスリングコーチとウエイトリフティングの選手の2名を殺害した後，9人を人質にした．彼らはイスラエルに収監されているパレスチナゲリラの解放を要求して立て籠もった．西ドイツ当局の救出作戦は失敗し，銃撃戦の末，人質全員とゲリラ5人，警察官1人が死亡するという悲惨な結末を迎えたのである．これは，オリンピックというスポーツの祭典の場と選手の命が，政治闘争に利用されたと言える．

（3）モスクワオリンピック

1980年，ソビエト（現在のロシア）でモスクワオリンピックが開かれた．世界が東西冷戦のなか，アメリカとソビエトが厳しく対立していた．オリンピック直前の1979年，ソ連がアフガニスタンに侵攻した．これに対してアメリカを中心とする西側諸国が激しく反発して，アメリカをはじめ日本，西ドイツ，カナダ，韓国など50カ国近くがボイコットした．これは，イデオロギーを中核とした政治による大規模なスポーツへの介入，あるいは利用と言える．

（4）ロサンゼルスオリンピック

1984年，アメリカでロサンゼルスオリンピックが開催された．前回のモスクワオリンピックの集団ボイコットに対する報復として東側諸国は本大会をボイコットした．不参加国はソビエト連邦，東ドイツ，ポーランド，チェコスロバキアなど16カ国である．これも，政治的報復にスポーツが利用されたと言える．

3. スポーツによる外交

オリンピックでは，スポーツと政治の関係のうち，ネガティブなものを見てきたが，ここではポジティブな面を外交のなかに見て行こう．

（1）ピンポン外交

ピンポン外交とは，卓球（ピンポン）の国際試合をきっかけに米国と中国が関係を改善して国交を正常化させたことである．1970年に日本の荻村伊智朗によって提案され実現した．

1971年4月，名古屋で開催された世界卓球選手権大会に，文化大革命後初めて中国選手団が参加し，各国の選手が交流したのである．大会直後に中国がアメリカなど5カ国の選手団を北京に招待した．これを契機に米中間の緊張が緩和し，翌1972年にはニクソン米大統領が訪中し，周恩来首相，毛沢東主席と会談して米中平和五原則を発表した．つまり，卓球が米中の国交正常化への道を開いたのである．

図15-3　スポーツ・フォー・トゥモロー
NERC主催のカンボジアでのサッカー大会.（筆者撮影）

（2）スポーツ・フォー・トゥモロー

　スポーツ・フォー・トゥモローは，2014年から東京2020オリンピック・パラリンピック競技大会を開催する2020年までの7年間実施する，わが国の政府が推進するスポーツを通じた国際貢献活動，つまりスポーツ外交である．

　その内容は，開発途上国を始めとする100カ国・1000万人以上を対象に，「世界のよりよい未来をめざし，スポーツの価値を伝え，オリンピック・パラリンピック・ムーブメントをあらゆる世代の人々に広げていく取組み」である．

　組織としては，外務省，スポーツ庁，日本スポーツ振興センター，国際協力機構，国際交流基金，日本オリンピック委員会，日本パラリンピック委員会，日本アンチ・ドーピング機構，東京オリンピック・パラリンピック競技大会組織委員会，日本体育協会，筑波大学，ラグビーワールドカップ2019組織委員会でコンソーシアム運営委員会を組織している．その下に，コンソーシアム会員として，スポーツ関連団体，NGO/NPO等，地方自治体・関連団体，民間企業，大学など334の団体・組織が参加している．

活動としては,「スポーツを通じた国際協力及び交流」「国際スポーツ人材育成拠点の構築」「国際的なアンチ・ドーピング推進体制の強化支援」の3領域に渡る.

この活動は,まさにスポーツを通じた外交活動であり,わが国と開発途上国の友好関係を推進するとともに国際的なスポーツ振興を促す活動である.

4. スポーツと政治の関係性のあり方

今まで見てきたように,スポーツと政治は,無関係というわけにはいかない.はじめに述べたように,無関係なのは一般人がスポーツをしている時ぐらいである.といっても,われわれがスポーツを楽しむ公的な体育館や陸上競技場なども実は公的機関によって建てられ運営されている.また,地域のスポーツ大会を開催する時には,往々にして公的な助成を受けたりもする.これらも広い意味ではスポーツが政治とつながっているということができる.まして,チャンピオンシップスポーツ,特に国際大会レベルになると,施設や運営,選手強化など様々な場面で資金面と環境整備で政治の力が働いている.そして,その関係性のなかで政治にスポーツが活用されたり,利用されたりしているのである.

このような過去の経緯と現状を踏まえたうえで,スポーツと政治がどのような関係を保てば,スポーツの発展につながり,同時にそれぞれの国の発展や国際社会の平和の実現に貢献できるか,という方向性に向かえることができるかを考えることが大切である.そして,スポーツと政治が Win-Win の関係になることで,スポーツ文化が醸成された社会が実現できるのである.

参考文献
清川正二『スポーツと政治——オリンピックとボイコット問題の視点』ベースボール・マガジン社,1987年.
坂上康博『スポーツと政治』山川出版社,2001年.
日本スポーツ社会学会編『スポーツ社会学研究』20-2 特集「政治とスポーツ」2012年.

Chapter 16 スポーツと差別

1. 差別とは

　人間の歴史は，差別の歴史でもある．太古の昔から人間は，意識的かどうかは別として他者を差別し，他者から差別されてきたのである．それでは，なぜ人間は差別するのだろうか．それは，人間が価値判断能力と自己中心的心性を持っているからであり，それらがあいまって生ずる行為が差別を生むのである．つまり，人間は物事に対して「良い・悪い」「好き・嫌い」「優れている・劣っている」などの価値を付与する．この価値観そのものは，差別ではない．しかし，往々にして人間は，このような価値観に基づいて自分や自分たちを他より優位な位置に置くために不当に他を貶めるのである．あるいは，人間はそのことによって，差別する人間は優越感に浸ったり，実利を得たりする．また，人間は，自分たちが優位に立つために他者を抑圧しようとする時に，何らかの理由づけをして他者を差別するのである．しかし，このような行為は，当然，同時に差別される人間を生む．差別される側は，人間としての尊厳を奪われ，生活を制限され，命を危うくされるのである．さらに，このような差別が，時代のなかで，習慣化され，制度化され，恣意的に作られた階級社会を存在させてきたのである．

　1948年に国連で採択された「世界人権宣言」では，第2条で「全ての人は，人種や皮膚の色，性，宗教などいかなる事由による差別を受けることなく権利と自由を享有することができる．またいかなる国や地域に生きていても，その権利にかわりはない．」と謳われているが，未だに世界各地で差別が横行している．

差別には，様々な種類があるが，主なものに人種差別，性差別，宗教差別，カースト差別，障害者差別，職業差別，民族差別等がある．ここでは，国際問題の観点から，人種差別，特に黒人差別と性差別，特に女性差別を取り上げてみよう．

（1）黒人差別

人種差別は，人間の政治的，経済的優位性を維持したいという欲望と社会的，歴史的な人種的偏見によって，引き起こされる人種の違いによる差別である．

そのなかでも黒人差別は，近代における人種差別のなかで最も深刻な差別の1つである．大航海時代以降，イギリス人などのヨーロッパ人はアフリカ南部地域に住む黒人を暴力によって捕らえ，奴隷としてアメリカに売却した．黒人たちは，人間としての尊厳を奪われて人格を否定され，まともな生活を送ることなく死ぬまで家畜のように働かされたのだ．アメリカにおける黒人奴隷制度自体は，1862年にリンカーンによって奴隷解放宣言が発せられ，1864年に南北戦争が終結したのと同時に終わりを告げた．しかし，現実には，黒人への差別・迫害はその後も続いた．第二次世界大戦後，キング牧師らによって進められた公民権運動によって，相当改善されたが，現在でも黒人差別がなくなったわけではない．2009年，アメリカ大統領にオバマ氏が就任したことは，黒人差別問題の大きな転換期になることが期待されたが，トランプ大統領に代わると白人至上主義が台頭し，黒人を含む有色人種への差別が再び高まる傾向にある．

（2）性差別

性差別とは，主に生物学的な性差，つまりセックスの違いから生じるものではなく，ジェンダー，つまり生物上の雌雄を示すセックスに対し，歴史的・文化的・社会的に形成される男女の差異によって生じる差別のことである．そのなかでも，昔から世界中で行われてきたのが，女性差別である．特に，開発途上国では未だに女性に対する不平等や差別が払拭できないため，女性が大きな負担をおわされ，男性に比べ，基本的な教育や情報，医療などを受けにくい状況にある場合が多くみられる．

ジェンダーで，最も深刻な問題は，人身売買と売春である．現在，推定で，

年間60万〜80万人が国外への人身売買の被害者となり，国外で強制労働させられて，その大半が性産業に従事させられ性的搾取の対象となっている．その80％が女性と女児で，未成年者の割合は，最大50％に上ると考えられている．また，多くの開発途上国では，男児選好の因習から多くの女児が「消失」しており，アジアでは少なくとも6000万人の女児が「消失」していると言われる．つまり，多くの女児が差別され，殺害され，遺棄されているのである．

そのほか，初等・中等教育の女子の就学率の低さ，女性器切除の悪習，児童婚の強制，思春期の女子の出産，女性のHIVの高い感染率，ドメスティックバイオレンスなどの暴力，女性に対する低い労働賃金など，多くの女性差別が世界中に蔓延している．

差別は，貧困をまねく．特に一部の人に貧困を強いることになるのだ．

豊かさも貧しさも分かち合うことが大切である．

2. スポーツと差別

スポーツは，全ての人間に対して開かれていることが望ましい．つまり，スポーツをしたり，スポーツを見たりする機会は全ての人間に与えられるべきである．そして，スポーツは，全ての人間が等しく競い合い，交流する場であってほしい．少なくともその機会が，人種や性別，障害などにより差別され，奪われることは許されることではない．

わが国では，2011年に施行されたスポーツ基本法において，「スポーツは，これを通じて幸福で豊かな生活を営むことが人々の権利である」（2条1項）と定め，「スポーツは，スポーツを行う者に対し，不当に差別的取扱いを」しない（2条8項）ことを定めている．

しかし，現実には，スポーツにおいても差別という人間の最も醜い行為が蔓延している．

ところで，スポーツにおける差別が見られるのは大きく分けて4つある．社会や国として人種や民族を理由に差別してスポーツに参加させない「社会による差別」，クラブやチームとしてメンバーに加えない「組織による差別」，選手同士で肌の色の違い等で差別的態度をする「選手による差別」，観客やサポー

ターが試合中に選手に差別用語や罵声を浴びせる「観客による差別」があるが，どれも許されることではない．

2016年，NFLのサンフランシスコ・49ersに所属していたコリン・キャパニック選手が黒人や有色人種に対する差別的な事件に抗議して国歌斉唱での起立を拒否し，それ以来，同調する選手が後をたたない．多くの選手が試合開始前の国歌演奏で地面に膝をついて黒人への暴力に抗議したのである．このことに対して，2017年，白人至上主義者とも言われるトランプ大統領が彼らを「くびにしろ」と侮辱的な言葉を交えながらツイートし，さらに同じようなツイートを繰り返した．これに反発した多くのNFLの選手があらたに抗議したのである．この「反トランプ」の流れは，NFLだけでなく，プロバスケットや大リーグにも及んでおり，大きなうねりとなっている．

3. スポーツと人種差別

人種差別は，スポーツの世界において最も深刻な問題であり，現在でも様々な問題が多発している．

(1) アメリカおけるスポーツと人種差別

近代スポーツがアメリカで開花したのは，大学スポーツを中心としたエリート集団においてであった．したがって，大学へ入れる黒人の学生はわずかしかおらず，必然的に黒人のほとんどがスポーツを行うことはなかった．また当時は，白人に比べて黒人の身体は欠陥があり，運動能力も劣っているとされていた．スポーツ界で活躍する黒人は，ごくわずかであり，しかも差別的境遇にあった．そして，19世紀末から人種分離体制の元，黒人は社会の隅に追いやられていった．その後，第二次世界大戦を通じて，少なくともスポーツ界においては黒人の能力や地位が認められるようになり，1947年，白人のみであったベースボールのメジャーリーグに初めての黒人大リーガーが生まれた．ジャッキー・ロビンソンである．それ以降，紆余曲折はあるが，様々なスポーツにおいて，黒人選手が多くなり，活躍するようになった．今や，スポーツ界では黒人選手の優越性が際立っているにもかかわらず，未だに黒人差別の意識は根強く残っ

ているのが現状である．

ところで，人種差別は黒人に限ったものではなく，日本人に対する差別も見られる．2014年，メッツのダン・ワーセン投手コーチが，松坂大輔投手の通訳で日系米国人のジェフ・カトラー氏に対して「チャイナマン」と呼んだことが問題となり，同コーチと球団が謝罪した事件があった．

図16-1　ジャッキー・ロビンソン

（2）ヨーロッパにおける人種差別

世界各地から一流選手があつまるプレミアリーグやセリエA，ブンデスリーガ等のサッカーでも，人種差別問題はしばしば起こる．

たとえば，2011年，元ブラジル代表ロベルト・カルロス選手が所属先のロシアリーグの試合中，観客からバナナを投げつけられた．ちなみに，バナナを投げる行為は，「お前は猿だ」という差別表現である．また，2014年バルセロナ対ビジャレアル戦で観客がバナナを黒人選手に対する人種差別目的で投げ入れた．その行為に対し，バルセロナのDFダニエウ・アウベスは冷静にそのバナナを食べて「差別を飲み込む」という行動をとり，世界で称賛された．

（3）スポーツ選手による人種差別への抗議

1950年代から1960年代にかけてアメリカにおいてアフリカ系アメリカ人公民権運動が盛んになり，多くの黒人が公民権の適用と人種差別の解消を求めるようになった．その一環として，1968年のメキシコオリンピックで，男子200メートル競走において世界記録で優勝したトミー・スミス，3位のジョン・カーロスは，黒人の貧困を象徴するため，シューズを履かず黒いソックスを履いてメダルを受け取った．そして，アメリカ国歌が演奏され，星条旗掲揚されている間中，スミスとカーロスは，目線を下に外し，頭を垂れ，高々と握り拳を突き上げ，黒人差別に抗議した．いわゆるブラックパワー・サリュートである．会場の観客からはブーイングが巻き起こり，この時の様子は世界中のニュースで

取り上げられ，彼らはスポーツ界から抹殺された．

近年のスポーツ界では，差別を無くそうという強い意志があり，特に人種差別的言動があると，社会的制裁が加えられるようになってきている．また，スポーツ組織としても人種差別に対しては厳しく対応するようになった．たとえば，2014年，米国男子バスケットボールリーグ（NBA）において，当時クリッパーズのオーナーだったドナルド・スターリングが人種差別発言をしたことが明るみになり，NBAコミッショナーは250万ドルの罰金を科した上で，スターリングを永久追放処分としたのである．

4. スポーツと女性差別

開発途上国を中心に女性のスポーツ参加は，いちじるしく制限されている．一方，先進国では，相当，女性のスポーツ参加が自由になり活発化し，女性の生き方の自由を拡大しているが，そのことが女性差別を助長している場合も多い．

（1）男性優秀説の増長

たとえば同じ種目の記録が女性より男性の方が高いため，男性の方が優秀であるという誤解を生み，差別意識を増長する可能性がある．また，男性の指導者に従って女性選手・女性チームは強くなるということから，男が偉いという差別意識が増長する可能性がある．

（2）見世物としての扱い

見世物として女性選手を扱っている場合がある．たとえば，バドミントンにおいて，2011年，世界バドミントン連盟は，注目度の向上を狙い，女子選手にスカート着用を義務付ける新たな服装規定を導入しようとしたが，女性差別にあたると批判の声が出たため，その導入を無期限で延期すると発表したのである．また，ビーチバレーでは，女子のユニホームの規定のなかで，ビキニの場合，ブリーフのサイドは7cm以下と決められている．さらに，マスコミも，容姿の良い女子選手をアイドルまがいに取り上げて本来的意味とは違った形で

女性選手を商品化している．

（3）宗教によるスポーツにおける女性差別
　イスラム教の多くの国では，女性がスポーツをすることや観戦することに対して，多くの制限が設けられている．たとえば，イランでは女性がスタジアムに入場して，サッカーを見ることができない．
　一方，スポーツ界は，スポーツの平等性や安全性を確保するために，たとえばヒジャブ（髪を覆うスカーフ）をかぶっていることで，試合に出さないということがある．このことは，結果として，スポーツ界が女性のスポーツ参加機会を奪っていることになる．宗教との関連でスポーツ界が女性差別をどのようにして解消するかが問われる．2011年，ロンドン五輪の予選ではイランの女子サッカーチームがスカーフをとらなかったという理由で出場禁止になったが，2012年，国際サッカー評議会（IFAB）は，イスラム教徒の女性が髪を覆うヒジャブの着用を認める決定を下した．このように宗教的制約に対して，スポーツは寛容であるべきであろう．

5．スポーツとトランスジェンダー

　最近まで，スポーツにおけるトランスジェンダーの扱いについて，論じられることはあまりなかった．もちろん，トランスジェンダーによる差別は許されるべきではないが，実際にスポーツを行う場合，特にチャンピオンシップスポーツの場合は，難しい問題となる．たとえば，生物学的に女性で性自認は男性である選手，あるいは生物学的に男性で性自認は女性である選手を男女どちらのチームで参加させるかという場合，身体的能力の面における生物学的な男女差が歴然としているスポーツの場において，どちらの性別で扱うか，大きな課題である．2016年，北米女子プロアイスホッケーリーグにおいて，男女の生物学的違いに配慮した基準が作成されトランスジェンダーの選手に参加の道が開かれたが，これからはより多くのトランスジェンダーの選手がスポーツ界で活躍できる体制を整えていくことが望まれる．

参考文献

川島浩平『人種とスポーツ——黒人は本当に「速く」「強い」のか——』中央公論新社, 2012年.

ロビンソン, ジャッキー『黒人初の大リーガー——ジャッキー・ロビンソンの自伝』宮川毅訳, ベースボール・マガジン社, 1997年.

Chapter 17　スポーツと性
　　　　　　——女性——

1. 女性アスリートの歴史

　近代スポーツは，男性を中心に発達してきた．したがって，女性は既存の男性たちが行ってきたスポーツに参入してきたと言っても過言ではない．しかし現在のように，女性が自由にスポーツを実施してこられたわけではない．多くの批判や偏見と闘いながら，先人の女性アスリートたちが得てきた権利の結果として，現在がある．

　特に，「女性らしくない」とされてきたスポーツにおける女性アスリートの歴史は浅い．たとえば，レスリングや重量挙げ・陸上競技などである．陸上競技の中でも人気種目の1つである「長距離種目」において，女性アスリートの参加が正式に認められたのは，ここ50年ほどの間である．1928年のアムステルダムオリンピックで一度は女性アスリートの参加が認められたものの，ある出来事をきっかけに，女性長距離種目が廃止されてしまう．それが，女子800mで起きた死闘である．日本女性で初めてのオリンピックメダリストとなった人見絹枝選手が，この種目で銀メダルを獲得した．しかし，最後までメダル争いの死闘をつづけた結果，フィニッシュ後に倒れこんでしまう．それを見ていた人々から「長距離走は女性に危険すぎる」という認識が広がり，男性からだけではなく，女性からも「長距離種目は女性ができるスポーツではない」とされてしまった．

　しかし，現代のスポーツ科学が明らかにしているように，適切で正しいトレーニングを積むことができれば，女性ができないスポーツなどはない．ただ，当時はそういった科学的研究がされていなかったため，その一側面だけが取り上

げられ，女性アスリートのスポーツへの参入が遅れてしまったことには間違いない．ちなみに，人見絹枝は，日本女性がスポーツをできるようにするために尽力した女性としても知られている．オリンピックで繰り広げた死闘の後も，人見自身がトレーニングを積みながら後輩たちの指導にあたり，女性がスポーツをできる基盤を築き上げた偉大な人物である．多くの批判や差別も受けながらも，女性がスポーツをできる環境づくりのために，若くして亡くなるまで尽力してきた．ここでは人見絹枝の例を挙げたが，他のスポーツ種目においても，先人たちのそういった闘いがあり，女性がそのスポーツに参入する権利を獲得してきた．今では女性がスポーツをする光景は普通の状況であるが，そうではなかった時代があったことを最初に述べておく．

2. 女性アスリートの生理学的特性

前述したように，スポーツ科学が発達したこともあり，女性がスポーツを行っても，危険ではないということは周知の事実である．男性が実施しているスポーツを，女性も同じように実施することが可能である．しかし，女性がアスリートとして活動する場合，男性アスリートにはない問題を考慮しなければならない．それが，生物学的な性差として挙げられる，生殖機能の有無である．女性は子どもを産むことが可能な性であるため，男性にはない生殖機能や生物学的特徴がある．ここでは，女性アスリートの生物学的特性として，月経について述べる．

まず，月経とは通常約1カ月前後の周期で起こる．思春期から閉経期までほぼ毎月繰り返され，約40年間は月経が毎月起こることになる．これが男性にはない，女性における生理学的特性の大きな1つと言える．排卵前後で周期が分けられており，排卵前の卵胞期と排卵後の黄体期に分けられる．エストロゲンやプロゲステロンといったホルモン濃度が各周期によって変化し，女性の体調や情緒に大きな影響を与える．特に，月経前にあたる黄体期のコンディションは，個人差もあるが，不調を感じる女性が多い．これは，月経前症候群と呼ばれている．女性アスリートとしてスポーツを実施する場合，月経との関わりは避けて通れない．あまりに月経前症候群がひどく大会等に差し支える場合は，

婦人科にかかることを考えた方がよい．また，手帳に月経周期やその時の状況等を書き残していくことが，コンディショニングを考える1つの手段となる．練習日誌に記載するのも，良い方法である．

3. 女性アスリートの三主徴

　女性アスリートが活躍するにつれて，大きな問題としてようやく表層化してきているのが，女性アスリートの健康障害の1つ「女性アスリートの三主徴」である．2015年に放送されたNHKのクローズアップ現代で取り上げられたことが，世間で広く知られるきっかけとなった．それが大きな反響となり，その後のネットニュース等でもしばらく取り上げられた．この反響を見て，世間ではほとんど知られていない事実に驚いたくらいである．最近では，ロシアのソチ冬季五輪フィギュアスケートで活躍したリプニツカヤさんが，摂食障害の治療を理由に現役引退を表明した．後述するが，摂食障害も女性アスリートの三主徴の1つである．しかし，これは世界のトップで活躍する女性アスリートに限った問題ではない．一般スポーツ愛好者の女性にも起こり得る問題であるし，成長期である中学・高校でスポーツ部活動に励む女子生徒は，その危険性が特に高い．女性だけではなく，男性も知っておくべき知識として，これからの項目を読み進めてほしい．

　女性アスリートの三主徴とは，「利用可能エネルギー不足」「視床下部性無月経」「骨粗鬆症」の3つが，複合的に表れる相互関係のことを指す（図17-1）．どれか1つが単独で発生するのではなく，それぞれがお互いに影響しあいながら，健康である状態から治療が必要な状態へと変化していく．これまで，「利用可能エネルギー不足」は「摂食障害」と表記されてきたことが多かった．しかし最近では，摂食障害の有無は関係なく，必要なエネルギーが不足している状態にあることを，この症状の1つとしている．女性アスリートの三主徴が引き起こす事態として，選手生命を短くしたり競技力の向上を妨げたりするだけではなく，将来妊娠を望んだ時に妊娠しにくい状態の身体になることも示唆されている．したがって，女性アスリートとしてスポーツに専念している期間だけではなく，引退後の人生にも大きな影響を与えることが大きいため，早期の

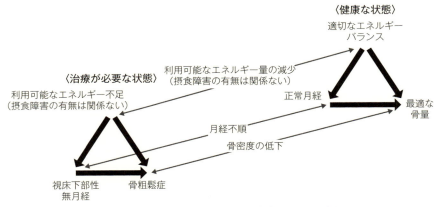

図17-1　女性アスリートの三主徴の相互関係

出典：須永（2017）より引用.

治療が必要となる．

　女性アスリートの三主徴に陥りやすい競技の特性として，体重が競技力の一因となるような種目が挙げられる．たとえば，陸上長距離やフィギュアスケート，体操競技などである．指導者による「もっと体重を減らせば強くなる」といったような言葉や，選手本人の「体重が落ちればもっと成績が出るに違いない」「私は太りすぎている」等の，間違った知識や自分の体型に対する意識が，引き金になることが多い．したがって，体重の増減が競技力に関係してくる種目に関わる指導者や選手，その保護者は，特に注意すべきである．

（1）利用可能エネルギー不足

　女性アスリートの三主徴を誘発する大きな原因の1つとして，「利用可能エネルギー不足」が挙げられる．本来ならば，運動で消費したエネルギーと食事から摂取したエネルギーの収支が等しくなければいけない．それが，「やせたい」「食べたら太る」「食べる量を減らして減量をしなければならない」といったような間違った意識が強すぎることで，その収支が釣り合わなくなってくる．そういった状態が続くと，初めに機能を停止させてしまうことになってしまうのが，生殖機能である．そのため，女性アスリートの三主徴の1つ，「視床下部性無月経」へとつながってしまうことになる．

（2）視床下部性無月経

　月経が約1カ月の周期で起こることは，前述したとおりである．それが，様々な影響を受けることでホルモンの分泌バランスが崩れることがある．これが原因となり，月経が定期的に来なくなることを「視床下部性無月経」という．この原因は，ストレスや急激な体重減少・練習過多，そして，（1）で挙げた「利用可能エネルギー不足」も大きな原因の1つとなっている．3カ月以上月経がない場合，婦人科を受診した方がいい．

（3）骨粗鬆症

　骨粗鬆症とは，骨密度が低い状態になっていることを指す．いわゆる，骨がスカスカになっているような状態だ．これは，「視床下部性無月経」との関係性が高い．エストロゲンの分泌が，骨代謝に関係しているからである．骨は，骨吸収と骨形成という2つの異なる段階から作られ，人体にある全ての骨は，長い期間かけて作り直されている．しかし，エストロゲンの分泌が低下することで骨吸収が増加し，骨形成が追い付かなくなる．そうなると骨密度が低下し，骨粗鬆症を引き起こしてしまうのだ．これが，疲労骨折のリスクを引き上げることになる．したがって，女性アスリートの三主徴に陥ったことで，疲労骨折をしてしまうアスリートも多くいる．

　女性アスリートの三主徴に1度でも陥ると，短期間で回復するのは難しい．このような状態にまで陥ってしまわないように，アスリート自身が気を付けるだけではなく，指導者やコーチ・保護者が見守る必要がある．そのための参考として，表17-1に女性アスリートの三主徴をスクリーニングするための質問事項を掲載した．

　1～5は，視床下部性無月経に関する質問事項である．1は，月経が規則的にきていない場合（月経間の間隔が35日以上になると，それは普通の状態ではない），視床下部性無月経の前兆になっているかもしれない．2は，思春期の女性アスリートが初経をむかえていない場合，それを放置せず，初経がくるよう処置を取る必要がある．3は，3カ月以上月経がないという回答があった場合，婦人科の受診をすすめた方が良い．4は，1年で10～13回の月経があるのが普通である

表17-1　女性アスリートの三主徴をスクリーニングするための質問事項

質問事項
1　月経は規則的にきていますか？
2　初めて月経があったのは何歳ですか？
3　最近月経があったのはいつですか？
4　ここ1年間で月経は何回ありましたか？
5　あなたはピルを服用していますか？
6　あなたは自分の体重を気にしていますか？
7　あなたは誰かに減量または増量することを勧められていますか？
8　特別な減量方法を実施していますか 　　もしくは特定の食品を避けていますか？
9　あなたは摂食障害になったことがありますか？
10　あなたは疲労骨折を起こしたことがありますか？
11　あなたは骨密度が低い（低骨量，骨粗鬆症）と言われたことがありますか？

出典：須永（2017）より引用．

ため，それより少ない場合は今後の月経状況を注意深く確認する必要がある．5では，ピルの服用有無から，月経状態について正しく判断するための参考となる．

　6～9は，利用可能エネルギー不足との関係を判断するための質問事項だ．6や7で「はい」と答えたアスリートは，摂取エネルギーを自ら調整し，消費カロリーと等しい状態で栄養を取ることができていない可能性が示唆される．8も，同様である．脂肪や油・炭水化物などが含まれたメニューを徹底的に排除するような傾向は，利用可能エネルギー不足に陥っている可能性が高い．摂食障害は，完治することが難しい病気である．したがって，9の質問で「はい」と答えたアスリートは，何らかのきっかけで再発する可能性も否めない．したがって，指導者やコーチは，注意深くアスリートの様子を見守る必要がある．10と11は，骨粗鬆症に関係した質問項目である．10で「はい」と回答したアスリートは，その背後に視床下部性無月経が隠れている場合もある．疲労骨折を頻発している場合は，視床下部性無月経に対する治療を行うことで，正常な状態に戻る場合も多い．それを発見するための，質問事項でもある．

　女性アスリートが，アスリートである期間も引退した後の期間も，女性とし

ての機能を損なわずに健康に過ごすことができるよう，上記のスクリーニングを活用してほしい．

4. 女性アスリートのこれから

　女性アスリートの活躍の影に，まだまだ課題や問題は山積している．その氷山の一角について述べたのが，女性アスリートの三主徴である．しかし，この問題も現場ではまだまだ深刻に捉えられていないのが現状だろう．こういったことを悩みながら，男性指導者に相談することができない女性アスリートも多いはずだ．やはり，異性の指導者に女性特有のことは相談をしにくい．また，知識のない男性指導者は「生理がくるのは練習が足りない証拠だ」「生理がくると太りやすいから，来ていない今の状況がいい」などと発言したりすることもあると聞く．まずは，こういった男性指導者の意識改善が必要であろう．勝つことや記録を向上させることを最優先にするのではなく，女性アスリートの引退後の人生も視野に入れ，現役時代よりも長い引退後の生活が健康的に送れるような配慮をしなければならない．

　また，女性アスリート自身も，自身の体に対する正しい知識を持つことが重要である．「生理が来ない方が楽だから，その方がいい」「競技力を向上させるために，どんなことをしてでも体重を減らす」等，女性アスリート自身も間違った意識を持っていることが多い．しかし，そういった意識が結果的に疲労骨折等の故障を引き起こし，長期間練習から離脱することになったり，最悪の場合は引退に追い込まれてしまう場合がある．競技力向上とは真逆のことになる事例が，多々ある．女性としての機能を維持できていないことは，競技力向上が見込めないことと同義である．

　他にも，女性アスリートが相談しやすくするために女性スタッフを必ず1名チームに加えるようにしたり，栄養士が正しい食事の知識について伝える機会を設けたりするなど，女性アスリートをサポートする環境を作ることも大切だろう．女性アスリートが思う存分にスポーツに打ち込めることは，素晴らしいことである．しかし，勝負の世界を突き詰めることによって，女性アスリートの健康が損なわれるべきではない．女性アスリートの健康を守りつつ，女性ア

スリートが活躍できる場を作っていくことが，今後のスポーツ界に求められている．

参考文献

カーブ，ジェイソン・R．／スミス，キャロリン・S.『女性のためのランニング学』ガイアブックス，2014年．

須永美歌子「特集　女性アスリートに対する生理学的特性を考慮したコンディショニングについて」NSCA JAPAN『Strength&Conditioning Journal』2017年8月，vol. 24, pp. 2-9．

Chapter 18　スポーツと大学

　日本における大学スポーツは，それぞれのスポーツ種目や大学に任されている部分が大きかった．それぞれが独自に，大学スポーツの振興にあたってきたのが現状である．それが，2018年度に大きな転換期を迎えることになる．スポーツ庁が提案した，日本版 NCAA の創設だ．詳細は後述するが，アメリカで運用されている競技横断的かつ大学横断的な組織の設立を，2018年度を目指して具体的な議論が開始されている．

　『スポーツ基本計画』(スポーツ庁HP) にも掲げられているように，現在，大学スポーツの振興に注目が集められている．1つ目に，大学にはスポーツに関する人材と施設が豊富にある点が挙げられる．スポーツ系のコースを持つ大学であれば，スポーツ分野を専門的に研究している研究者が多数所属している．もちろん，そこに所属してスポーツに関する知識を学ぶ学生たちも，スポーツの専門的知識を備えた人材である．2つ目に，スポーツ系コースを擁していない大学であっても，部活動が盛んな大学は多い．そこで指導にあたる指導者もその人材の1つであるし，スポーツ部活動で活動している学生たちも，専門的な知識を備えた人材と言えよう．3つ目に，施設の充実度や規模に差はあるが，大半の大学にはスポーツジムや体育館等のスポーツ施設が備わっている．基本的には学生のための施設であるが，こういった施設を開放するという形で，大学のスポーツ施設を有効活用することができる可能性もある．こういった，大学が有するスポーツ資源を活用した活動が，社会の活性化に大きな役割を果たすことが期待されている．

　本章では，まず日本の大学スポーツの現状について述べる．その後，日本がモデルにしようとしている全米大学体育協会 (NCAA) について紹介し，最後に日本版 NCAA について取り上げる．

1. 日本の大学スポーツ

　現在，日本における大学スポーツで有名な種目といえば，お正月の風物詩である箱根駅伝が最初に挙げられるのではないだろうか．この大会の様子は，毎年1月2日と3日に，読売テレビ系列でテレビ生中継が行われている．箱根駅伝は，年間の視聴率ランキングでも上位に入るくらい人気のコンテンツである．しかし，これは大学スポーツの全国大会ではなく，関東にある大学しか出場できない関東一の大学を決定する駅伝大会である．ちなみに，11月初旬に本当の大学日本一を決める全日本大学駅伝が開催され，テレビでも中継されているが，一般的な知名度は箱根駅伝の方が上であろう．こういった特殊な例もあるが，高校スポーツと比較した場合，駅伝においても野球においても，認知度や盛り上がり度は高校スポーツの方がかなり高い．日本では，大学スポーツの盛り上がりや注目度が高校スポーツよりも低い，というのが現状であろう．しかし，『スポーツ基本計画』で大学スポーツの振興について触れられていたように，大学スポーツが新たなスポーツ市場の場としても期待されつつある．これから様々な面において，大学におけるスポーツ活動が注目されるのは間違いない．本節では，日本における大学スポーツの現状や課題について述べる．

（1）日本の大学スポーツの現状

　大学スポーツの運営であるが，スポーツ種目ごとに競技連合等が組織され，そこが全国大会も含めた運営にあたっている．したがって，全国高等学校体育連盟のような，大学の全スポーツ活動を統括する組織は存在していない（ちなみに，高校野球はこの組織に所属していない種目である）．陸上競技は日本学生陸上競技連合が，野球は全日本大学野球連盟が，全国大会を始めとする各種大会を運営している．その他種目のスポーツについても，それぞれに競技連盟が存在し，全国大会等の大会を運営していることになる．ちなみに箱根駅伝は，前述したとおり関東学生陸上競技連盟が運営の全てを取り扱っている（日本学生陸上競技連合の下部組織に該当する）．つまり，大学スポーツ界全てを通じた共通のルール等は存在せず，それぞれの競技団体がそれぞれのルールに基づいて運営してい

るのだ．

　また，入試や奨学金・学費免除等における大学全体としての決まりがないのはもちろんのこと，正課活動に関する決まり事もないのが，通常である．たとえば，私立大学であれば，入試選抜方法をそれぞれの大学で決めることができる．スポーツ成績に特化した入試形態にすることも不可能ではないし，実際にそういった入試形態を運用している大学もある．奨学金や学費免除についても，各大学がそれぞれの資金源や支給基準を設け，優秀な選手を獲得するための手段の1つとして用いている．正課活動については，成績不振者や留年した者であっても，大会や練習に参加することを拒否されない．また，大会が講義期間の平日に開催されることも多く，講義を休まなければならないこともある．しかし，それに対するサポート体制についても特に定められていないことが多い．多くは，「公欠」という，無断欠席ではなく大会や試合等で欠席したという内容を証明する書類を発行する形式をとる．その書類の扱い方については，必ず出席扱いにしなければならない場合と教員の裁量に任せられる場合等，各大学で対応が異なる．このように，各大学やそのチームにおける指導者の裁量に任されることが多いのが，現在の日本における大学スポーツの現状の概要である．

（2）日本の大学スポーツが抱える課題

　まず課題の1つとして挙げられるのが，大学規模や奨学金の有無等の条件が同じではない大学同士が，同じ土俵で争わなければならない点である．前述したように，入試制度や奨学金・授業料免除に関することは，各大学に委ねられていることが多い．そのため，そういった制度を柔軟に変えることができる大学は，高校生アスリートも勧誘しやすい．有力な高校生アスリートが多数入学すれば，大学自体の競技力も上がることはほぼ間違いない．もちろん，大学入学後における高校生アスリートの育成が，勝負に勝つためにはもっとも大きな要素を占める．しかし，優秀な高校生アスリートを獲得できるか否かも，チームの競技力向上には大きな影響がある．したがって，高校生アスリートの勧誘で良い条件を出すことができる大学が有利になるような状況が，課題の1つである．

　次に，正課活動が課外活動の二の次に置かれ，学業がおろそかになる可能性

が高い環境であることも，課題の1つである．もちろん，文武両道で活躍する大学生アスリートも存在するが，後述するアメリカと比較すると，その割合はそこまで多くない．正課活動に対する決まり事も，大学スポーツ全体として特に取り決めがされておらず，成績不振であっても，留年していたとしても，大会出場や練習参加等にペナルティを科されることはほとんどない．大学は，高等教育機関である．それに見合った知識や能力を身に付ける正課活動にも優先度を高くしなければならない．「文武両道」であることが，大学スポーツの現場にも求められるべきところである．スポーツのみに偏向していたとしても，現状ではそれが許されてしまうような環境であることも，改善していかなければならない課題である．

2. 大学スポーツ先進国・アメリカでの取り組み

日本の大学スポーツ界は，これから様々な面において成長する可能性がある分野として期待されている．しかし，課題も多い．本節では，大学スポーツ先進国と言われるアメリカの事例を取り上げ，日本との違いを明らかにしていく．

(1) NCAAについて

アメリカの大学では，大学やスポーツ種目を越えて，それらを取りまとめる統括組織が存在している．それが，NCAA (National Collegiate Athletic Association) である．大学で行われるスポーツのルール等を決めたり，ルールが守られているかを監視したりするなど，全米大学スポーツに係る全ての事柄を統括している．

まず，NCAAでもっとも大きな特徴と言えるのが，ディビジョン制を採用していることである．これは，大学規模や競技力・哲学等の違いにより，約1100校ある加盟校をディビジョンⅠ～Ⅲの3つのディビジョンに分け，それぞれが独自の運用ルールを発展させている．わかりやすい違いを挙げると，ディビジョンⅠは学費全額免除の奨学金が一般的であるのに対し，ディビジョンⅡは部分免除が主流，ディビジョンⅢではスポーツ奨学金を提供しないものとなっている．したがって，同じような条件下に集まった大学同士で，勝負をすることが

できる．

　また，学生アスリートがスポーツだけに取り組んでいればよい，といった風潮にならないために，勉学にしっかり取り組むことができるルールも決められている．勉強に専念するために練習をしてはいけない期間が決められていたり，成績不振者は練習などに参加できないといったような項目である．大学も，学生アスリートに対するサポート体制をしっかり確立している．フロリダ大学では，学校職員が家庭教師として補修を行ったり，遠征時で授業に出席できない時は，インターネット電話の「スカイプ」で授業に参加することができるような体制を整えている（毎日新聞記事，2017年6月20日朝刊）．セカンドキャリアに対する意識も高いため，基本的には文武両道で活躍している学生アスリートが多く，また，それを実現することができる環境を大学でも整えている．他にも，高校生のリクルーティングや奨学金のルール等についても決められており，勝利至上主義に陥ってしまわないように，また，大学間の公平性を確保できるようになっている．

（2）NCAAの問題点

　学生アスリートが，スポーツに取り組みつつ勉強にも専念できる環境を作っているのが，NCAAである．そういったルールが制度化されていない日本から考えると，かなり進んでいる取り組みである．しかし，NCAAが抱える問題点もいくつか存在する．

　その1つが，ルール違反についてである．高校生の勧誘活動や奨学金や授業料免除については，ルールで規定されている．また，入学試験についても，学力もその大学に見合った力が求められるため，選手が持つ学力以上の大学には，基本的に入学することはできない．

　また，基本的には大学の教育部門とスポーツ部門との予算は，別に立てられている．大学で行われるスポーツ活動は，部活動も含めてアスレチックデパートメントが推進している．なお，その予算の多くを放映権料が占めている．その他は，チケットの売り上げやグッズの売り上げ等による．しかし，NCAAに所属する大学の大半が，スポーツ部門での赤字を抱えているとの現状も報告されている．スポーツが大学の宣伝効果や学生の健康維持増進に役に立ってい

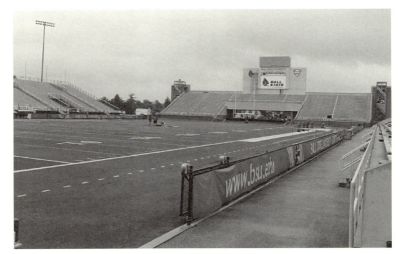

図18-1 インディアナ州マンシー・ボールステイト大学のアメフト競技場
ディビジョンIに所属している．こういったスポーツ施設の規模も，ディビジョンに関係してくる．ホームでの試合は，チケットが売り切れになることが多いようである．学生や卒業生だけでなく，地元の人たちも楽しみにしている「みる」スポーツとして，愛されているスポーツが，プロスポーツとは異なる大学スポーツの魅力の1つである．（筆者撮影）

ることは間違いないが，その運営の内情は厳しいものであるということも，NCAAが抱えている問題点の1つとして言えよう．

3. 日本版NCAAの創設へむけて

2017年3月に，文部科学省が『大学スポーツの振興に関する検討会議最終とりまとめ～大学のスポーツの価値の向上に向けて～』(スポーツ庁HP)を発表した．その中で「大学横断的かつ競技横断的統括組織（日本版NCAA）の在り方」について述べられている．2018年度創設を目指して，様々な業界との検討会議が進められている．ここでは，文部科学省が出した資料をもとに，日本版NCAAの概要について述べる．

日本版NCAAの理念であるが，「スポーツを通じた学生の人格の形成や社会人基礎力，生きる力，身体機能の向上を図るとともに，スポーツを中心として母校への誇りや愛着，地域の一体感を醸成することを通じて，大学スポーツ

の人気を高め，大学及び学連が共に発展し，その価値を高めることにより，地域社会の活性化や経済の活性化，次世代を担う人材の輩出に貢献する」とある．第2節でNCAAの概要について述べたが，日本ではスポーツをビジネスと捉えることに対する反発が強かったり，スポーツと教育とを結び付けて考えたりする傾向も大きい．したがって，アメリカのNCAAをモデルにしつつ，日本での風土にも合うような形で取り入れられなければ，日本版NCAAは浸透しない．日本独自の環境や文化，これまでの歴史を踏まえながら，新しい組織を設立する必要がある．

また，日本版NCAAに期待される役割が3つ挙げられている．1つ目は，学生アスリートの育成である．前述したような，学業面での環境づくりとして，学業成績要件の設定や，学習支援の充実を図ることなどが組み込まれている．他にも，アスリートとして大切な教養の1つとなる，インテグリティ教育の提供，たとえば，アンチ・ドーピングやハラスメント防止に対する教育の必要性も挙げられている．

2つ目は，学生スポーツ環境の充実である．競技力向上のために，活動費や施設整備への補助などのスポーツ活動支援や，練習が際限なく行われてしまわないようにするための，練習時間に係る統一的なルールの制定である．また，NCAAのように，ホーム＆アウェイ方式での競技会場調整についても，検討が行われている．

3つ目は，地域・社会・企業との連携である．大学だけで完結してしまうようなスポーツでは，それ以上の発展はあり得ない．地域や社会・企業とうまく連携することで，大学スポーツの価値も高くなることになる．たとえば，放映権料や肖像権の調整，大学スポーツ市場における企業との調整役も，その1つである．他にも，スポーツボランティアの総括をしたり，地域貢献活動の総括や連携をする組織としても期待されている．

このように，多くの役割を期待されて設立に進んでいる日本版NCAAであるが，その展開は未知数である．設立に伴う問題や課題は，山積している．スポーツを愛する学生アスリートたちがより良い環境でスポーツに打ち込み，多くのことをスポーツから得て，社会でも活躍できる人材となれるよう，日本版NCAAがそれを先導するような組織となるよう願うばかりである．

参考文献

スポーツ庁HP『スポーツ基本計画』〈http://www.mext.go.jp/prev_sports/comp/a_menu/sports/micro_detail/__icsFiles/afieldfile/2017/03/23/1383656_002.pdf〉（2017年10月30日参照）.

スポーツ庁HP『大学スポーツ振興に関する検討会議　最終とりまとめ〜大学スポーツの価値の向上に向けて』〈http://www.mext.go.jp/sports/b_menu/shingi/005_index/toushin/__icsFiles/afieldfile/2017/03/10/1383246_1_1.pdf〉（2017年10月30日参照）.

毎日新聞「大学スポーツ新時代　走り出す日本版NCAA（1）」2017年6月20日朝刊.

Chapter 19　スポーツと学校

　本章では，学校の中でも義務教育で行われているスポーツに焦点をあてる．小学校や中学校で行われているスポーツとして挙げられるのが，科目の1つとして実施されている「体育」と，正課外活動として実施されている「スポーツ部活動」である．ちなみに，「体育」と「スポーツ」が持つ意味は本質的に異なるところがあるが，これについてはChapter 1を参考にしてほしい．本章では，学校内で身体活動について理論と実践を学ぶ科目としての「体育」を扱い，学校体育の歴史や，学校体育の現状などについて述べる．

1.　学校体育の歴史

　学校体育の歴史は，辻口（2017）が述べているように「スポーツの体育化」の歴史であると言える．本来，好きな時間に好きなスポーツを好きなように実施して楽しむのが，スポーツの本質である．しかし，日本では様々な事柄を経て，「スポーツの体育化」が行われてきた．学校体育の始まりは，1872（明治5）年の学制の公布に遡る．6歳以上の男女が義務教育を受ける制度が作られた際に，教科の1つとして「体術」が置かれた．その内容は，軽体操であった．つまり，現在の体育からイメージされるような内容ではなく，身体づくりのための1つとして，諸外国で実施されていた体操を取り入れた形である．

　その後，1878（明治11）年に，体育の先生を養成する学校として「体操伝習所」（現在の筑波大学の前身となる学校）が設立される．ちなみに，この段階では学校体育の内容として，武術や軍事的なものには否定的な傾向があった．しかし，日本が戦争へと突入し始める1886（明治17）年に帝国大学令が公布され，学校体育で普通体操と兵式体操が平行して実施されるようになる．普通体操とは，

体操伝習所の講師として招かれたリーランドが伝えた，身体づくりのために必要な体操である．一方，兵式体操は徴兵機関の短縮のために導入された軍事予備教育が含まれていた．したがって，学校体育の始まりに，軍隊へ入隊する前の事前教育的な部分が含まれていたことは否めない．

なお，「スポーツ」という概念も，この時期に日本へ入ってきた．東京大学に赴任したイギリス人の英語教師ストレンジが，教え子たちに自国で楽しんでいたスポーツを伝えたことがきっかけだと言われている．学生たちが正課活動の合間に，水泳やボート・陸上競技などのスポーツを楽しんでいた．それが，日本における近代スポーツの始まりである．また，スポーツの語源には「遊ぶ」という意味がある．ストレンジも『Outdoor Games』でスポーツを「遊戯」という翻訳で紹介している．そういった経緯も含め，スポーツ＝遊びというイメージが強かったこともあり，学校の正課科目で実施する体育とは異なるものとして日本では受け入れられ，今日に至っている．

その後も，第一次世界大戦や日清・日露戦争を経ていくなかで，体育における軍事色は一層強まってくる．1941（昭和16）年には，国民学校令を公布し「体錬科」として名前が変更され，学校教育の中で軍事訓練のような教育が行われるようになる．

第二次世界大戦後は，GHQによる非軍事化と民主化が進められた．1947（昭和22）年の教育基本法と学校教育法公布に伴い「体育科」に名前が変更され，1949（昭和24）に中学校や高校の体育科は，健康に関する知識も学ぶという意味も含めて「保健体育科」へと名称が変更された．

そして，1977（昭和51）年の小学校および中学校の指導要領改訂で，体育の目標に「運動の楽しさ」が挙げられる．それまで，体育の目標が「体力づくり」であったことに対し，体育の授業を通じて身体を動かす喜びやスポーツをする楽しさを知り，生涯を通じて継続的にスポーツを実践できる能力や態度の育成が取り上げられた．これは，日本の学校体育において画期的な変更だといえる．学校体育が，戦前や戦時中のような身体の規律訓練ではなく，東京オリンピック頃に求められていた「体力づくり」から進歩し，生涯スポーツを楽しめる能力や態度を育てるためのものとして，変貌を遂げてきたのである．2008（平成20）年の学習指導要領でダンスが必修化されたのも，この流れの1つと言えよ

う．したがって，現代における日本の学校体育は「体育のスポーツ化」が起こりつつあると考えられる．

2. 学校体育の現状

(1) 子どもの運動状況

誰もが義務教育の中で，「体育」の授業を受けてきているはずだが，体育の時間は「好き」だっただろうか．それとも，「嫌い」だっただろうか．また，その体育の授業を経て大人になった今，スポーツに対する意識はどうなっているだろうか．図19-1と図19-2は，運動する子どもとしない子どもの状況を，小学校と中学校の男女別にまとめたものである．これは，体育の時間における運動は除く設問となっている．したがって，正課活動外でどれくらい身体を動かしているかが，この表から読み取ることができる．

まず，図19-1と図19-2は小学校の男女における1週間の総運動時間についてまとめられたものだ．小学校では運動する子どもとしない子どもの差はそこまで大きくない．小学校男子で1週間の総運動時間が60分未満の子どもは6.5％，小学校女子では11.6％となっている．一方，1週間の総運動時間が7時間以上の子どもは，男子で55.7％，女子で32.7％となっている．つまり，放課後に毎日平均して1時間近く体を動かしている子どもたちが半数を占める．

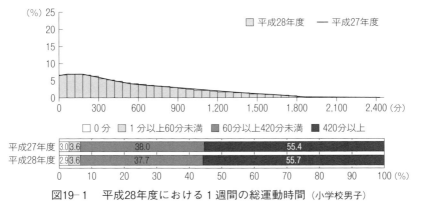

図19-1　平成28年度における1週間の総運動時間（小学校男子）

出典：スポーツ庁『平成28年度　全国体力・運動能力，運動習慣等調査』．

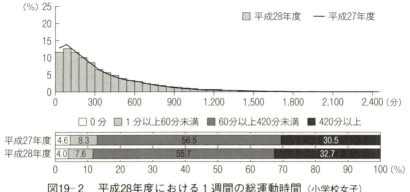

図19-2　平成28年度における1週間の総運動時間（小学校女子）

出典：スポーツ庁『平成28年度　全国体力・運動能力，運動習慣等調査』．

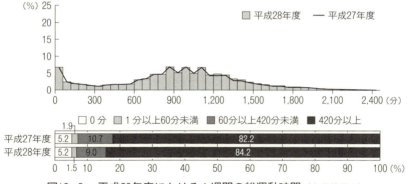

図19-3　平成28年度における1週間の総運動時間（中学校男子）

出典：スポーツ庁『平成28年度　全国体力・運動能力，運動習慣等調査』．

学校から帰った後で塾などに通う子どもも増えている一方で，やはり，放課後には外でスポーツ等をして遊んでいる子どもも半数近くいることが示唆される．

次に，図19-3と図19-4から，中学生における1週間の総運動時間について見ていく．1週間の総運動時間が60分未満だったは，男子で6.7％，女子で20.9％だった．また，1週間の総運動時間が7時間以上なのは，男子で84.2％，女子で60.5％であった．中学校において，総運動時間に関係してくる大きな要因が，学校でスポーツ部活動に入るか否か，という点である．男子で小学校と中学校

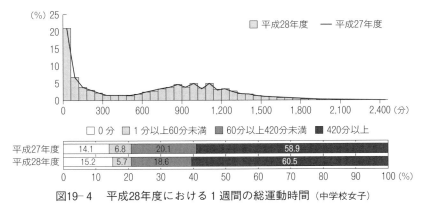

図19-4 平成28年度における1週間の総運動時間（中学校女子）
出典：スポーツ庁『平成28年度　全国体力・運動能力，運動習慣等調査』．

での総運動時間を比較すると，60分未満だった割合にそこまで大きな変化はないが，7時間以上の運動になると小学校では55.7％だったものが，84.2％へと増加している．中学校へ入学後，スポーツ運動部活動へ入部する男子生徒が増えることが原因の1つとなり，運動をする子どもとしない子どもを作る状況になっていると考えられる．女子になると，その差はもっと大きくなる．60分未満の総運動時間は，小学校で11.6％だったものが中学校では20.9％と2倍近くに増加している．1週間の総運動時間が7時間以については，小学校で32.7％だった割合が，60.5％へとこちらも約2倍に増加している．つまり，中学女子では，運動をする子どもとしない子どもの差がより大きくなっていることが明らかである．スポーツ運動部活動に入らならければ，運動する機会や時間がないということは，大きな問題である．したがって，そういった子どもたちが唯一運動する時間として確保されている体育の時間は，運動をあまり実施しない子どもたちにおける今後の運動習慣形成のために，大きな鍵を握っていることになる．

（2）体育の授業評価と運動・スポーツ嫌いの子どもの増加

図19-5は，体育や保健体育の授業が楽しいかどうかについて質問した，男女別の結果である．前節でも述べたように，日本の子どもたちが運動やスポーツに触れ合う機会は，学校体育の時間であることが多い．したがって，体育や

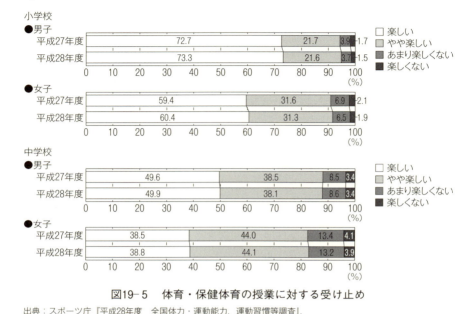

図19-5　体育・保健体育の授業に対する受け止め
出典：スポーツ庁『平成28年度　全国体力・運動能力，運動習慣等調査』．

　保健体育の時間を「楽しくない」と感じている割合が，そのまま運動をしない大人へとなってしまう可能性は高い．

　小学校男子では，「あまり楽しくない」「楽しくない」と答えた生徒が5.2％，女子は8.4％だった．中学校男子では，「あまり楽しくない」「楽しくない」と答えた生徒が12.0％，女子は17.1％だった．中学校へ入ると，運動能力の差や体力の差が，日頃のスポーツ実施状況の有無で大きくなるため，こういったところも影響していると考えられる．ただし，体育に対して負の感情を抱いている生徒は，今後，運動嫌いになっていく可能性が高い．体育や保健体育に対して抱いていた運動に対するネガティブな感情を，大学生になっても大人になっても払しょくできないことは多い．楽しくないと感じている生徒の割合が，大人になった時の運動不足予備軍になると考えられるため，その割合は少なくないと思われる．

　図19-6は，運動やスポーツの好き・嫌いを小学校と中学校の男女別に経年変化で示したものである．ここで着目したいのが「やや嫌い」「嫌い」と，運

Chapter 19 スポーツと学校

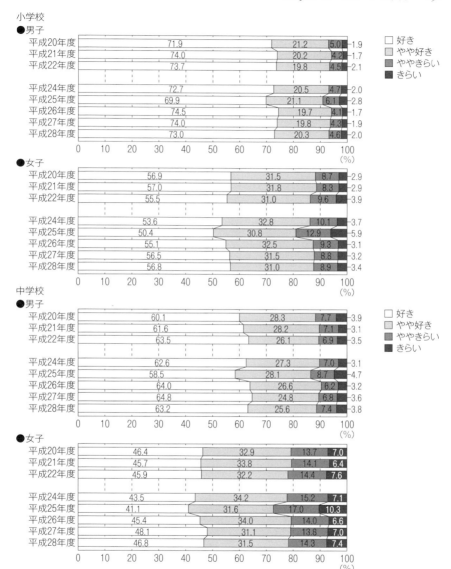

図19-6 小中学校男女における運動やスポーツへの肯定感

出典：スポーツ庁『平成28年度 全国体力・運動能力，運動習慣等調査』．

動やスポーツにいいイメージをもっていない子どもたちの割合である．体育の授業評価以上に，これで明らかになった運動やスポーツに対する負の感情は，大人になった時の運動から遠ざかる要因の大きな1つとなってしまう．

小学校男子は「ややきらい」「きらい」が6.6％で，女子は12.3％だった．中学校男子では，「やや嫌い」「嫌い」が11.2％，女子は「やや嫌い」「嫌い」が21.7％となっていた．男女とも，運動やスポーツが嫌いだと思っている生徒が小学校よりも増加している．経年変化を見ても，全体的に運動やスポーツを嫌いな生徒が増加している．また，問題だと思われることが，体育や保健体育に対する授業評価で楽しくないと答えた割合よりも，運動やスポーツを嫌いだと思っている生徒の割合の方が多いことである．体育の授業を楽しいと感じているのは，本質的に運動やスポーツが好きだということではなく，その他の要素（友達と一緒に何かできることが楽しい，体育の先生が好きだ，等）が影響していることも考えられる．ある一定の割合の生徒には，体育の授業が，運動やスポーツを好きになることにつながっていないことが伺える．学習指導要領の改訂で「運動の楽しさ」が目的に加えられたものの，運動・スポーツが嫌いな生徒の割合の近年の増加率を見ると，学校体育におけるスポーツの在り方が問われているのかもしれない．

現在の学校体育には，生涯スポーツの基礎となる技術や態度・知識等を身に付けることも求められている．子どもたちが，それから先の長い人生を心身ともに健康的な生活を送るために，運動やスポーツは欠かせない．「体育のスポーツ化」が今後ますます推し進められ，学校体育の中で運動・スポーツ好きな子どもを増やしていくことが，今後の大きな課題である．

参考文献

スポーツ庁HP『平成28年度　全国体力運動能力調査』〈http://www.mext.go.jp/sports/b_menu/toukei/kodomo/zencyo/1380529.htm〉（2017年10月25日参照）．

辻口信良『"平和学"としてのスポーツ法入門──平和を愛する人が2020年までに必読の一冊──』民事法研究会，2017年．

Chapter 20　生涯スポーツ

　スポーツの種類は,『スポーツ科学辞典』によると,その目的によって4つに分類することができる（バイヤー編，1993）. ①学校スポーツ,②余暇スポーツ,③一般スポーツ,④チャンピオンスポーツの4つである．学校スポーツは,学校の中で行われていて教育を目的として行われるスポーツである．Chapter 19で詳しく述べているが,現在では,「体育のスポーツ化」が進められている．学校体育が生涯スポーツの土壌を作る1つの機会として期待されているが,詳細についてはChapter 19を参照してほしい．次に,チャンピオンスポーツは,勝負や記録にこだわって取り組むスポーツのことを指す．また,地域や国の代表となる機能を持つことも多い．オリンピックや世界選手権に出場するような選手は,チャンピオンスポーツに取り組んでいることとなる．その詳細については,Chapter 9のスポーツと勝利至上主義を参考にしてほしい．

　本章で取り上げる生涯スポーツは,余暇スポーツと一般スポーツを含んだものと考える．余暇スポーツは,ラジオ体操も含め,ウォーキングやハイキング,サイクリング,ニュースポーツと呼ばれるものなど,勝負は問わず楽しみのために実施するレクリエーションスポーツのことを指す．一般スポーツは,そういったスポーツを実施する中で,勝負や記録にこだわるような性質を持っている．スポーツ基本法前文に,「スポーツは,心身の健康保持にも重要な役割を果たすものであり,健康で活力に満ちた長寿社会の実現に不可欠である」と記載されている．特に生涯スポーツは,そういった役割を果たし,健康寿命を延伸するためにも,重要な位置づけを担っている．本章では,生涯スポーツの現状や課題,生涯スポーツをすることによってもたらされる効果,生涯スポーツのこれらかについて述べる．

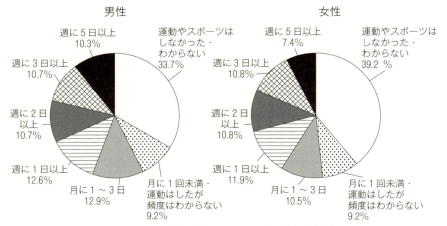

図20-1　成人男女のおける，運動実施状況

出典：スポーツ庁『スポーツの実施状況等に関する世論調査』2016年，筆者改変．

1. 生涯スポーツの現状と課題

　図20-1は，成人男女の運動実施率について，スポーツ庁が実施した『平成28年度スポーツの実施状況等に関する世論調査』（スポーツ庁HP）を改変し，まとめたグラフである．男女別に，運動実施状況について聞いている．

　男女における，運動実施率の差はほとんど見られなかった．また，週3日以上の運動実施率は，男性で21.0％，女性で18.2％である．なお，国民栄養調査によると，運動習慣のある者を「1回30分以上の運動を週2回以上実施し，1年以上継続している者」としている．したがって，健康の保持増進に必要であると考えられる運動習慣が身についているのは，約3割にとどまっていることがわかる．

　次に，週1日以上運動を実施している人の割合は，男性で44.3％，女性で40.9％だった．『第2期スポーツ基本計画』（スポーツ庁HP）で2021年までに達成する目標値として策定されているのは，スポーツ実施率が週1回以上を65％以上，週3回以上を30％である．しかし，現状では週1回以上が約4割，週3回以上は約2割しか達成できていない．この目標値を達成するためには，運動

Chapter 20 生涯スポーツ

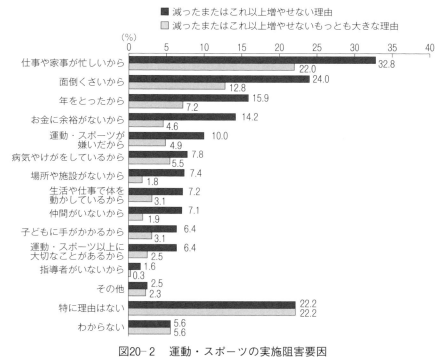

図20-2 運動・スポーツの実施阻害要因
出典：スポーツ庁『スポーツの実施状況等に関する世論調査』2016年．

実施率が月に1～3日の層（男性12.9％，女性10.5％）に対する啓発を促すだけでは足らず，現状では月に1回未満である層の運動実施率の向上を目指す必要がある．ちなみに，2012年に策定された『スポーツ基本計画（第1期計画）』（スポーツ庁HP）でも，5年後の2017年に週1日以上の運動実施率者を65％以上にするという，同様の目標値が設定されていた．結果としてその数値が達成できないまま，第2期スポーツ基本計画への目標値として持ち越されている．5年前から運動実施率が増加していない現状がわかる．

その原因を追究する調査項目として，運動・スポーツの実施阻害要因についてまとめたのが，図20-2である．運動頻度を増やせない（増やさない）理由として，複数選択で理由を回答している．

運動ができない要因としてもっとも多かったものが「仕事や家事が忙しいか

ら」であった．全体では32.8%，もっとも大きい理由として挙げられていたのも22.0%となり，これが阻害要因として一番多かった．続いて，「面倒くさいから」「年をとったから」という理由が続く．また，「特に理由はない」層も約2割存在していた．「働き方改革」に注目が浴びているが，やはり仕事や家事などの時間に圧迫されて，運動する時間を捻出できていないようである．それに対する改善策の1つとして，2017年2月から国と経済界が提唱・推進する「プレミアムフライデー」が実施されているが，あまり効果は挙げられていない．そこに，秋期間の特別バージョンとして，スポーツプレミアムフライデーも推奨されているが，実際にはそこまで浸透しているように感じられない．他にも，運動を阻害する要因を改善しようと試みられてはいるが，運動実施率を改善する起爆剤にはなっていないのが現状である．

2. 生涯スポーツと健康との関連性

　生涯スポーツの重要性は常に言われていることであるが，実際にスポーツをすることが健康にどのような影響をもたらしているか．まず，医療費の大幅な削減につながる，ということが挙げられる．図20-3は，運動プログラムの継続と医療費の推移について，運動プログラム参加群と比較対象群における差を調査したものである．運動プログラムは，株式会社つくばウエルネスリサーチが中心となって開発した，運動の個別指導と継続支援を可能とする運動・栄養プログラム「e-wellnessシステム」を利用している（つくばウエルネスリサーチHP）．プログラム開始時から3年後には，医療費の差額が10万4234円となっていた．つまり，運動をしている者としていない者との間には，1年間で1人当たり約10万円の医療費もの削減につながっていることが明らかになっている．年々，医療費が国の財政を圧迫する中で，運動をすることが1人当たりこれだけの経費削減につながるのは，かなり大きい．

　他に，心の健康の維持増進にも，スポーツは大きな役割を果たしている．スポーツをして汗をかいたり，仲間と楽しくスポーツをしたりした後は，気持ちが良いものである．こういった，スポーツをすることで得られる「快」の感情は誰もが感じたことがあるだろう．また，有酸素運動が認知機能の低下を防ぐ

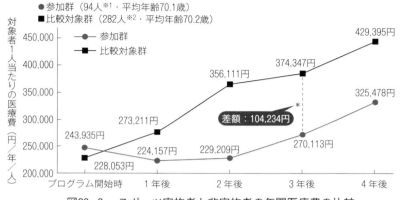

図20-3　スポーツ実施者と非実施者の年間医療費の比較

出典：つくばウエルネスリサーチHP「e-wellnessシステムによる医療費抑制効果」2017年10月29日参照．

ことも，最近の研究で報告されている．

　最後に，健康との関連性とは少し異なるが，生涯スポーツが人と人とが集える居場所づくりに一役買っているということも，特筆すべき点である．仕事や家庭・学校以外に，自分の居場所があるということは，生きていく上でとても大切である．そして，誰もが簡単に気軽に集うことができるのが，スポーツを通じた場所ではないだろうか．そういった場所に自分の居場所があることで，救われている人は大勢いるはずである．

　このように，生涯スポーツは心身の健康を保持増進するだけではなく，居場所づくりとしても重要な機能を担っている．生涯スポーツを推進することが，多くの人々が豊かな生活を送るために，なくてはならないものになりつつある．

3. 生涯スポーツのこれから

　生涯スポーツの現状や課題，健康との関係性から考えた重要性は，これまでに述べた．では，これからの生涯スポーツはどうなっていくのだろうか．まずは，第2期スポーツ計画の目標値にも掲げられたように，成人の週1回の運動実施率を引き上げるためには，かなりの工夫や努力が必要となってくる．『第

2期スポーツ基本計画』においても，地域スポーツクラブの質的充実やスポーツ施設の充実，スポーツ実施率が低いビジネスパーソンや20歳代30歳代女性に対するはたらきかけ，などを掲げている．こういったところも踏まえて，生涯スポーツ振興のために何が必要なのかを考えてみたい．

　まず，気軽にスポーツに取り組める環境や人材の整備が必要ではないだろうか．「心身の健康に効果的」「医療費が削減できる」というデータが指示されても，仕事や家事が忙しい・面倒くさいといった阻害要因を超える運動動機が必要となる．そのきっかけを作ってくれるのが，身近にいる人がスポーツに対するある程度の知識を持ち，かつ，現在進行形でスポーツを実施している者ではないかと考える．筆者が経験してきたことでもあるが，近くにいる人がそのスポーツを実施し，そのスポーツに対する知識や技術を持っていることで，周囲の人がそのスポーツに関心を持つ可能性はかなり高い．その人を同心円状にして，スポーツ実践者を増やしていくことができれば，スポーツ実践率も上がっていくに違いない．また，そういった人材を育成していくことも必要である．現在，体育系の学部や学科やコースを設置している大学が増えているが，そこで学んだ学生たちは，そういった身近なスポーツ指導者になる素養はもちろんある．しかし，スポーツ部活動等で活躍してきた学生も，経験知を理論知に変換することができれば，そういったスポーツ活動の種を植えることができる人材となるだろう．

　他に，1日や1週間の大半の時間を過ごす職場等で，気軽に運動できる環境を作ることも，スポーツ実践者を増やす大きな要因になるはずだ．また，会社の福利厚生の1つとして，そういったスポーツができる環境をアピールしている会社もある．身近なスポーツ人材を社内で発掘するとともに，そういった動きに会社が何らかの形でサポートできるようになれば，よりいいスポーツ環境を作ることができるだろう．

　また，多くの人をスポーツ実践に気持ちを盛り立ててくれるだろう機会が，2020年前後に控えている．それが，ラグビーワールドカップや東京オリンピック，ワールドマスターズゲームズ関西などのメガスポーツイベントの開催だ．「みる」スポーツを通じて「する」スポーツに移行する絶好の機会が，2020年前後にある．その時に，スポーツをしたいと思った人々に対する支援体制や，

始めたスポーツを継続できる環境が整備されているかどうかが重要である．スポーツに対する予算は，年々減額されている．しかし，予算をかけなくてもできる上述したような身近なところで，生涯スポーツの裾野を広げることができるはずだ．これまでチャンピオンスポーツで活躍してきた人や長く生涯スポーツをしてきたことで多くの経験知を得てきた人は，身近なスポーツ実践指導者としてリーダーシップをとってみてほしい．そういった地道な活動が，生涯スポーツの裾野を広げることになるだろう．

参考文献

スポーツ HP『スポーツ基本計画』〈http://www.mext.go.jp/prev_sports/comp/a_menu/sports/micro_detail/__icsFiles/afieldfile／2017／03／23／1383656__002．pdf〉（2017年10月21日参照）．

スポーツ庁 HP「日本スポーツの5か年計画がスタート」〈http://www.mext.go.jp/sports/b_menu/sports/mcatetop01／list/detail／1383656．htm〉（2017年10月21日参照）．

スポーツ庁 HP「平成28年度スポーツの実施状況等に関する世論調査」〈http://www.mext.go.jp/sports/b_menu/toukei/chousa04／sports／1381922．htm〉（2017年10月21日 参照）．

つくばウエルネスリサーチ HP「e-wellness システムによる医療費抑制効果」〈http://www.twr.jp/results/conclusion/conclusion02／〉（2017年10月29日参照）．

バイヤー，エリッヒ編『スポーツ科学辞典』大修館書店，1993年．

《執筆者紹介》（＊は編著者）

＊菊本智之（きくもと　ともゆき）［はしがき，第1，2，4，5，9，11-13章］
 1964年 東京都中央区生まれ
 1990年 筑波大学大学院体育研究科修士課程修了
 現　在 常葉大学健康プロデュース学部心身マネジメント学科教授
主要業績
 『スポーツと健康』（共著，道和書院，1993年）
 『武道文化の研究』（共著，第一書房，1995年）
 『スポーツ学の視点』（共編著，昭和堂，1996年）
 『身体教育のアスペクト』（共著，道和書院，1998年）
 『武と知の新しい地平』（共著，昭和堂，1998年）
 『武道文化の探求』（共著，不昧堂，2003年）
 『健康・スポーツ科学の基礎知識　第3版』（共著，道和書院，2019年）ほか

前林清和（まえばやし　きよかず）［第3，6，8，14-16章］
 1957年 京都市生まれ
 1986年 筑波大学大学院体育研究科修士課程修了　筑波大学・博士（文学）
 現　在 神戸学院大学現代社会学部学部長・社会防災学科教授
主要業績
 『スポーツと健康』（共著，道和書院，1993年）
 『武道文化の研究』（共著，第一書房，1995年）
 『スポーツ学の視点』（共編著，昭和堂，1996年）
 『武と知の新しい地平』（共著，昭和堂，1998年）
 『「気」の比較文化』（共著，昭和堂，2000年）
 『武道文化の探求』（共著，不昧堂，2003年）
 『近世日本武芸思想の研究』（単著，人文書院，2006年）
 『武道における心と身体』（単著，日本武道館，2007年）
 『国際協力の知――世界でボランティアを志す人のために――』（単著，昭和堂，2008年）
 『Win-Winの社会をめざして――社会貢献の多面的考察――』（単著，晃洋書房，2009年）
 『開発教育実践学――開発途上国の理解のために――』（単著，昭和堂，2010年）
 『揺れるたましいの深層――こころとからだの臨床学――』（共編著，創元社，2012年）
 『アクティブラーニング――理論と実践――』（共著，デザインエッグ社，2015年）
 『教師を目指す人のためのカウンセリング・マインド』（共編著，昭和堂，2016年）
 『社会防災の基礎を学ぶ――自助，共助，公助――』（単著，昭和堂，2016年）ほか

上谷聡子（うえたに　さとこ）［第7，10，17-20章］
 1981年 大阪市生まれ
 2009年 神戸学院大学大学院人間文化学研究科人間行動論専攻博士後期課程修了
     神戸学院大学・博士（人間文化学）
 2017年 天理大学国際学部地域文化学科専任講師
 現　在 神戸学院大学全学教育推進機構共通教育センター准教授
主要業績
 『健康・スポーツ科学の基礎知識』（共著，道和書院，2008年）
 『地域スポーツクラブ指導者ハンドブック』（共著，晃洋書房，2009年）
 『チャンピオンスポーツの人間学――女子駅伝における人間形成と競技力向上――』（単著，晃洋書房，2010年）
 『アクティブラーニング――理論と実践――』（共著，デザインエッグ社，2015年）

スポーツの思想

| 2018年4月10日 | 初版第1刷発行 | ＊定価はカバーに |
| 2023年4月15日 | 初版第3刷発行 | 表示してあります |

編著者	菊 本 智 之 ⓒ
著 者	前 林 清 和
	上 谷 聡 子
発行者	萩 原 淳 平
印刷者	藤 森 英 夫

発行所　株式会社　晃 洋 書 房

〒615-0026 京都市右京区西院北矢掛町7番地
電話　075(312)0788番(代)
振替口座　01040-6-32280

装丁　㈱クオリアデザイン事務所　印刷・製本　亜細亜印刷㈱
ISBN 978-4-7710-3042-8

JCOPY 〈(社)出版者著作権管理機構 委託出版物〉
本書の無断複写は著作権法上での例外を除き禁じられています。
複写される場合は，そのつど事前に，(社)出版者著作権管理機構
(電話03-5244-5088, FAX03-5244-5089, e-mail:info@jcopy.or.jp)
の許諾を得てください。